重構兩岸與世界圖象

Restructure the Map of Cross-Strait and World

李英明／著

「亞太研究系列」總序

　　「二十一世紀是亞太的世紀」，這句話不斷地被談起，代表著自信與驕傲。但是亞太地區絕非如此單純，未來發展亦非一定樂觀，它的複雜早已以不同形態呈現在世人面前，在開啟新世紀的同時，以沉靜的心境，深刻的瞭解與解決亞太區域的問題，或許才是我們在面對亞太時應有的態度。

　　亞太地區有著不同內涵的多元文化色彩，在這塊土地上有著天主教、基督教、佛教、回教等不同的宗教信仰；有傳承西方文明的美加澳紐、代表儒教文明的中國、混合儒佛神教文明的日本，以及混雜著不同文明的東南亞後殖民地區。文化的衝突不止在區域間時有發生，在各國內部亦時有所聞，並以不同的面貌形式展現它們的差異。

　　美加澳紐的移民問題挑戰著西方主流社會的民族融合概念，它反證著多元化融合的觀念只是適用於西方的同文明信仰者，先主後從、主尊客卑、白優黃劣仍是少數西方人面對東方移民時無法拋棄的心理情結。西藏問題已不再是單純的內部民

族或政經社會議題，早已成為國際上的重要課題與工具。兩岸中國人與日韓三方面的恩怨情仇，濃得讓人難以下嚥，引發的社會政治爭議難以讓社會平靜。馬來西亞的第二代、第三代，或已經是第好幾代的華人，仍有著永遠無法在以回教為國教的祖國裏當家作主的無奈，這些不同的民族與族群問題，讓亞太地區的社會潛伏著不安的危機。

亞太地區的政治形態也是多重的。有先進的民主國家；也有的趕上了二十世紀末的民主浪潮，從威權走向民主，但其中有的仍無法擺脫派系金權，有的仍舊依靠地域族群的支持來建構其政權的合法性，它們有著美麗的民主外衣，但骨子裏還是甩不掉威權時期的心態與習性；有的標舉著社會主義的旗幟，走的卻是資本主義的道路；有的高喊民主主義的口號，但行的卻是軍隊操控選舉與內閣；有的自我認定是政黨政治，但在別人眼中卻是不折不扣的一黨專政，這些就是亞太地區的政治形態寫照，不同地區的人民有著不同的希望與訴求，菁英分子在政治格局下的理念與目標也有著顯著的差異，命運也有不同，但整個政治社會仍在不停的轉動，都在向「人民為主」的方向轉，但是轉的方向不同、速度有快有慢。

亞太地區各次級區域有著潛在的軍事衝突，包括位於東北亞的朝鮮半島危機；東亞中介區域的台海兩岸軍事衝突；以及東南亞的南海領土主權爭議等等。這些潛在的軍事衝突，背後有著強權大國的利益糾結，涉及到複雜的歷史因素與不同的

國家利害關係，不是任何一個亞太地區的安全機制或強權大國可以同時處理或單獨解決。在亞太區域內有著「亞太主義」與「亞洲主義」的爭辯，也有著美國是否有世界霸權心態、日本軍國主義會否復活、中國威脅論會否存在的懷疑與爭吵。美國、日本、中國大陸、東協的四極體系已在亞太區域形成，合縱連橫自然在所難免，亞太地區的國際政治與安全格局也不會是容易平靜的。

相對於亞太的政治發展與安全問題，經濟成果是亞太地區最足以自豪的。這塊區域裏有二十世紀最大的經濟強權，有二次大戰後快速崛起的日本，有七〇年代興起的亞洲四小龍，八〇年代積極推動改革開放的中國大陸，九〇年代引人矚目的新四小龍。這個地區有多層次分工的基礎，有政府主導的經濟發展，有高度自由化的自由經濟，有高儲蓄及投資率的環境，以及外向型的經濟發展策略，使得世界的經濟重心確有逐漸移至此一地區的趨勢。有人認為在未來世界區域經濟發展的趨勢中，亞太地區將擔任實質帶領全球經濟步入二十一世紀的重責大任，但也有人認為亞洲的經濟奇蹟是虛幻的，缺乏高科技的研究實力、社會貧富的懸殊差距、環境的污染破壞、政府的低效能等等，都將使得亞洲的經濟發展有著相當的隱憂。不論如何，亞太區域未來經濟的發展將牽動整個世界，影響人類的貧富，值得我們深刻的關注。

在亞太這個區域裏，經濟上有著統合的潮流，但在政治上也有著分離的趨勢。亞太經合會議（APEC）使得亞太地區

各個國家的經濟依存關係日趨密切，太平洋盆地經濟會議（PBEC）、太平洋經濟合作會議（PECC），也不停創造這一地區內產、官、學界共同推動經濟自由與整合的機會。但是台灣的台獨運動、印尼與東帝汶的關係、菲律賓與摩洛分離主義……使得亞太地區的經濟發展與安全都受到影響，也使得經濟與政治何者為重，群體與個體何者優先的思辨，仍是亞太地區的重要課題。

亞太地區在國際間的重要性日益增加，台灣處於亞太地區的中心，無論在政治、經濟、文化與社會等各方面，均與亞太地區有密切的互動。近年來，政府不斷加強與美日的政經關係、尋求與中國大陸的政治緩和、積極推動南向政策、鼓吹建立亞太地區安全體系，以及擬將台灣發展成亞太營運中心等等，無一不與亞太地區的全局架構有密切關係。在現實中，台灣在面對亞太地區時也有本身取捨的困境，如何在國際關係與兩岸關係中找到平衡點，如何在台灣優先與利益均霑間找到交集，如何全面顧及南向政策與西向政策，如何找尋與界定台灣在亞太區域中的合理角色與定位，也都是值得共同思考的議題。

「亞太研究系列」的出版，表徵出與海內外學者專家共同對上述各類議題探討研究的期盼，也希望由於「亞太研究系列」的廣行，使得國人更加深對亞太地區的關切與瞭解。本叢書由李英明教授與本人共同擔任主編，我們亦將竭盡全力，為各位讀者推薦有深度、有分量、值得共同思考、觀察與研究的

著作。當然也更希望您們的共同參與和指教。

張 亞 中

1997 年 9 月

序　言

　　人的思想都是不斷地進步的，在思想不斷變異的過程中，人才更能感受到自己的成長與蛻變，也更能將世界上事物背後的內涵看得更清楚、更透澈，同時也更瞭解，很多事看來像是無關，但其實卻是緊緊聯繫在一起的。

　　這本書是將自己這幾年來關注資訊科技發展對人類的影響做一番整理，資訊科技的發展在最近幾年來一日千里，人們幾乎無時無刻都能感受到它的存在與由此所帶來的生活上的便利。但是，伴隨這種發展而來的，卻是對人類內心包括理性分析能力、批判反思能力的消解與改造，甚至全面瓦解。在現實與虛擬之間，在人性與科技之間，其實存在不少矛盾與察覺不到的衝突，而這些矛盾與衝突擴大化的結果，便是造成人類整體生命意義與生活形態的改變，並直接衝擊世界圖象的建構。資訊科技伴隨著資本主義全球化擴張的辯證發展，讓人類世界正式進入全球化時代，也讓人類歷史呈現與過往歲月大相逕庭的發展風貌，這些資訊科技對人類生活影響所帶來的衝

擊，在本書中的二、三、四、五等章節談得非常詳盡。

　　本書的另一面向則是針對全球化時代的國際政治體系與理論做出反思，以有別於一般傳統國際政治理論觀點的論點重新詮釋國際／全球政治體系的發展。在全球化時代，國際政治的內涵不再是單純國與國之間的互動，不再是單純的合作或衝突，不再是單純的主權、領土、利益等問題，而是包含更多面向的互動議題、更多元化的互動模式、更多時間／空間的互動狀態。國際間像是一個社會，不再是單純的計算彼此間的利害得失，更大程度在於要共同維持國際體系的和平發展。可以說，傳統以「國家」單元為主要內涵的「國際政治」已逐漸被轉換成以「全球」為互動網絡的「全球社會」，這種在本體論、知識論和方法論的轉換，也是本書所想要處理的一個重點。最後，筆者也試著以全球治理的觀點來檢視兩岸之間的幾個爭論點，希望能由新的思維起點下手，為兩岸關係貢獻一點小小心力。

　　學海無涯，這本書是筆者的一個新的嘗試，相信仍有許多疏漏不到之處，尚祈各位先賢惠予批評、不吝賜教。在這裡要感謝揚智文化事業公司葉忠賢先生和孟樊先生的願意出版，也感謝賴皆興同學的整理與校正，最後，如果這本書能夠引起拋磚引玉之效，那更是我所衷心期盼的。

李　英　明

2002 年 8 月序於木柵

目　錄

「亞太研究系列」總序　i

序　言　vii

第一章　既定或建構：國際政治理論的反思　1

　一、本體論上的現實主義／自由主義／解放的國際關係論

　　　述　3

　二、知識論上的現實主義／自由主義／解放的國際關係論

　　　述　12

　三、一個新的詮釋觀點：社會建構論的主體／客體辯證　15

　四、代結語：資訊時代下的主權轉換　21

第二章　資訊時代下人的處境：一個徹底顛覆與重構的多元時

　　　代　25

　一、再一次異化的「人」　26

　二、資訊時代下「理性」的淪陷　29

三、生活的變革與生命觀的改變　35

四、網路空間對傳統的顛覆　49

第三章　資訊時代下對資本主義邏輯的批判與反思──從西
　　　　方馬克思主義的觀點談起　55

一、現代社會的形成與「現代性」　57

二、盧卡奇的批判：資本主義邏輯下人的物化與主體的復
　　歸　59

三、馬庫色的批判：商品／文藝與人的主體性　69

四、資訊科技對人的宰制　77

五、結語：迷惘的未來　82

第四章　資訊時代下發展理論的變遷：對傳統中心／邊陲概念
　　　　的解構　85

一、古典馬克思主義對資本主義的批判　87

二、依賴理論對資本主義的批判：核心／外圍　93

三、世界體系理論的論述：一種方法論上的突破　98

四、資訊時代的全球體系觀：多中心／多邊陲　102

五、兩岸在全球體系的重新定位：大小政治實體觀念的翻
　　轉　106

第五章　資訊時代下中國主體認同的建構與反思　109

一、民族國家認同的起源與內涵　110

二、中國認同的建構　117

三、資訊時代下認同的解構與重構　130

四、結語：兩岸認同的未來　138

第六章　國家或全球：社會與非社會　141

一、個體／總體：由系統到社會的國際觀　142

二、全球社會的建構與形成：建構或發展的迷思　146

三、全球社會的成型：跨國力量的展現與作用　153

第七章　全球治理與兩岸關係：主權、安全、認同與區域主義

　　　　觀的再探討　161

一、一個反思：當代主權內涵的變化　164

二、兩岸之間的主權觀認知與轉折　167

三、全球治理格局的形成與內涵　171

四、兩岸間的治理格局：全球／區域的辯證　175

五、治理格局下的兩岸安全與認同議題的發展與轉變　181

六、結語　188

參考文獻　189

第一章
既定或建構：
國際政治理論的反思

在基本層面上，國家主義的典範所做的假設在整個歷史上
一直是有效的，但它因此無助於我們理解冷戰後的全球政
治如何不同於冷戰期間和冷戰之前的全球政治，然而它們
之間顯然存在著差別。

亨廷頓——《文明衝突與世界秩序的重建》[1]

在國際關係理論的發展過程中，從古典現實主義和自由
主義到新現實主義與新自由主義，形成一大主流；儘管，現實
主義與自由主義之間一直有所爭論，但基本上是屬於同一典範
下的張力；而針對這一主流國際關係理論，存在著來自古典馬
克思主義、國際批判理論，從結構主義和女性主義（feminist）
的批判和挑戰，他們之間依然也存在著分歧，但基本上，可以
說形成另一個典範——「解放的」（emncipatory）[2]國際關係
理論。前種典範強調獲得國際關係的「客觀」知識的重要性，
而後種典範則強調導引具體實踐以改變轉換既有國際關係的
重要性。雖然主流國際關係理論一直不願直接面對「解放的」
國際關係理論的挑戰，但終究不能對這種挑戰所形成的衝擊視
而不見；包括 Alexander Wendt 在內的國際關係社會建構論

---

[1] Samuel P. Huntington 著，周琪、劉緋、張立平、王圓譯，《文明的衝突
與世界秩序的重建》，北京：新華出版社，1999 年，頁 15。

[2] Roger D. Spegele, *Political Realism in International Theory*, Cambridge
University Press, 1996, pp.8-9.
亞歷山大‧溫特著，秦亞青譯，《國際政治的社會理論》，上海人民出
版社，2000 年，頁 7-9。

（constructivism）[3]，則企圖調和上述兩者，通過化解雙方的張力，為國際關係開拓新的理論途徑，Wendt 一方面承認國際關係的客觀現實性，但另一方面，則認為這種客觀現實性是因著國際社會中的行動者（主要是國家）通過實踐所建構起來的，從而反過來對行動者也形成結構的制約力。

一、本體論上的現實主義／自由主義／解放的國際關係論述

在這些國際關係理論背後，都有其不同的本體論（ontological）和知識論（epistemological）的設定。不弄清這些差異，我們其實很難搞清楚上述這些國際關係理論論述的不同之處。

首先是本體論問題，與國際關係理論相關的本體論問題是：國際關係是否為一客觀的存在。基本上，不管是新現實主義或是新自由主義國際關係理論，在本體論上都是客觀主義（objectivism），認為國際關係乃是一客觀存在，即對於集體式的行動者（如國家）或個別的行動者，具有其客觀獨立性，是獨立於行動者之外既存的事實。講得更具體點，就是認為無

---

[3] Alexander Wendt, *Social Theory of International Politics*, Cambridge University Press, 1999, Chapter 1.

政府狀態是既予的或給定的（given），因此也是客觀存在的，而國際關係理論，就必須以無政府狀態為無可迴避的研究起點。

就因為新現實主義和新自由主義國際關係理論把國際關係和無政府主義狀態視為是客觀存在的，因此，也就把國際關係看成是物質有形的關係，從而走上主觀唯物論的方向，不願意承認觀念或理念的實質意義和重要性，雖然，觀念或理念似乎在自由主義，特別是新自由主義論述中扮演一定重要的角色，但是，觀念或理念能否展現物質有形的作用，是其所重視的；亦即，觀念或理念是在被物質和有形化的前提下，才受到重視的；這也就是說，觀念或理念只是被用來彌補物質權力和利益解釋的不足。

不過，觀念或理念的作用之所以會出現在新自由主義的論述中，代表著客觀主義本體論的發展和演變：國際關係雖然是客觀存在的，但是不能完全以物質有形的方式呈現，物質有形的呈現方式可能會以觀念或理念的提出或訴求，作為銜接的中介。

從客觀主義本體論出發，新現實主義和新自由主義國際關係理論，基本上認為國際關係反應既有的無政府狀態，於是就形成客觀決定論式的論述起點。不過，緊接著他們卻以個體主義（individualism）方法論來展開國際關係理論的論述，並且沿用「體系」（system）的概念，把國際關係直接稱為國際體系，認為國際體系包含許多基本的行動體（actor），國際體

系的變化發展是這些行動體的行為和行動交織而成的結果；這也就是說，把國際體系又視為反映了個別行動體的行為和行動。從客觀主義本體論到個體主義方法論之間，他們以理性主義的設定來加以串聯，從個體經濟學把人或個體視為利己者的方式出發，把作為國際關係行為主體的國家，視為利己的理性行為體或行動體[4]。於是國際關係呈現的面貌便是：在物質有形的無政府狀態的制約下，做為國際關係行為主體的國家會分別進行理性選擇，追求有形利益或權力，從而形成國家間的競爭、張力、衝突或合作，決定國際體系的內容，並且促成物質有形力量的分配[5]。

　　從相同的無政府狀態的前提出發，新現實主義和新自由主義得出，國家會追求絕對可得利益和相對可得利益的不同論述方向。相對可得利益的追求，是一種零和式的利得追求；而絕對利得則是非零和式的雙贏或多贏的利得追求。

　　古典現實主義，把無政府狀態當成不證自明的論述前提，從而將在這個前提下的國家行動，當成是物質有形的經濟性的理性選擇的結果；而新現實主義，則進一步的凸顯國家進行物質有形的理性選擇所形成的物質力是分配的體系結構對國家的作用和影響。體系結構是因著國家進行物質有力的理性選擇的自然結果，但這種體系結構又成為客觀的存在，對國家

---

[4]　Waltz, Kenneth , *Theory of International Politics*, Boston: Addison-Wesley, 1979, p.91. 亞歷山大・温特著，秦亞青譯，前揭書，頁 31。

[5]　Alexander Wendt, *op. cit.*, pp.5-6.

行為產生因果般的制約作用。客觀主義的本體論,使現實主義傳統,強調無政府狀態和物質力是分配的體系結構對國家的影響,相對的也就忽略行為(動)體「建構」體系結構的這個向度。

在另一方面,從相同的無政府主義狀態的前提出發,古典自由主義認為國家經過理性選擇,會希望通過與其他國家彼此的合作與互賴,實現雙贏或多贏,讓相關各造都能共存共榮,以保證各自的生存和發展;而新自由主義,則進一步把制度主義的向度引進來,並且強調,國家通過理性選擇願意進一步建立機制或制度來體現與其他國家的合作與互賴,而這些機制和制度所體現的權威會對行動體產生新的作用。國家間的合作與互賴,是國家通過理性選擇下的結果,是無政府狀態這種客觀現實前提制約下的產物。自由主義傳統因為客觀主義的本體論,使其忽略國家間的合作與互賴,甚至是機制與制度的建立,其實已經顯示國家作為一個行動體的主體能動性,亦即是行動體共同建構下的結果,而不只是在客觀現實制約影響下的被動作為。

被現實主義和自由主義當成不證自明的客觀前提的無政府狀態,其實也不是既予的或是給定的,它是通過人類特別是西方的歷史而被建構形成的,它與國家主權概念的形成發展和演變的歷史是直接聯繫在一起的;可以說沒有主權國家的確立發展和國家主權的論述,便沒有現實主義甚至是自由主義兩大國際關係理論傳統的出現。

此外，現實主義和自由主義有關相對利得和絕對利得的選擇，不只是被設定為「經濟人」的國家所做的物質有形的理性選擇而已，其實還涉及到國家作為一個行動體對於所謂客觀存在的國際體系的「認知」設想甚至期待。而且。國際體系到底是競爭（或鬥爭）、衝突、宰制支配或合作互賴，這是行動體實踐的結果。

「解放的」國際關係論述，則從主體主義的本體論的角度出發，把國際體系當作包括國家、民族或其他團體在內的行動體實踐的場域，這個場域不是既予的或是給定的，而是會因為行動體的實踐而改變的，亦即國際體系的形態、內容和屬性是行動體具體實踐下的結果。如果把國際體系當成是既予的、給定的，形式上雖然是客觀的，但實質上是在維持以西方為中心，或以強權為中心的國際體系做辯護。這種本體論當然是受到強調主體實踐取向的馬克思主義流派的影響；其具體意義，就是凸顯現實世界或國際體系其實是行動體通過實踐圍中介所建構起來的，行動體所面對的、所處的是一個變動中的場域。就「解放的」國際關係論述來看，客體主義的國際關係本體論，間接的會成為強權維護鞏固其既得權力和利益的意識形態，不但忽略或刻意抹殺國際體系的內容屬性是可以被改變建構的現實，而且在道德層次上也完全不顧所謂公平正義問題的考量。行動體面對國際體系，不是要順從的、宿命的接受其所謂的「客觀的」決定、影響或制約；而是要不斷的使其不成為強權宰制的場域，以求行動體之間的對等自由甚至公平合理的

互動。

　　依照現實主義傳統的看法，國際體系中的衝突、對抗、戰爭甚至霸權或強權宰制，都是行動體在無政府狀態客觀制約下，進行理性選擇所促成的客觀現實，這個客觀現實為無政府狀態填出內容，並且體現無政府狀態表現的形式，從而也成為行動體繼續從事理性選擇的客觀情境（context），這些理性選擇以及由此延伸出來的衝突戰爭以及霸權或強權宰制，沒有所謂對錯是非的問題，只有「客觀的」有利與不利的問題。至於自由主義傳統，雖然強調行動體在無政府狀態制約下會通過理性選擇，以合作互賴創造雙贏或多贏，避免衝突或戰爭來使彼此能共存共榮。這其中和平的訴求，以及合作互賴的強調，為了也是滿足行動體彼此客觀的現實生存發展利益的考量。亦即，從理性選擇，不管是造成行動體之間衝突、對抗、戰爭或合作依賴，都是一種客觀的自然而生的結果。

　　而從「解放的」國際關係論述來看，國際體系的內容與形態，不是客觀給定的，其中的對錯是非必須被追究，而且，其間的霸權宰制應該被取消或改變；否則國際體系是會淪為霸權與強權的囊中物。

　　此外，所謂合作、互賴或由此延伸出來的機制的建立，也可能是霸權或強權之間維護其權力或利益的設計，或者是要求弱勢行動體配合霸權或強權宰制支配的安排；更有甚者，還可能意味著霸權或強權要求弱勢行動體讓渡或犧牲主權的另一種形式的表現。

　　總的來說，按照「解放的」國際關係論述的角度，國際
體系中行動體間的零和與非零和式的互動，其實都是以霸權或
強權為中心所建構起來的，它不是客觀給定、不可改變的。而
現實主義和自由主義傳統，雖然注意到國際體系中的行動體可
以進行理性選擇，可是，它們卻把這種理性選擇看成是客觀有
形的現實制約下的結果，從而忽略所謂理性選擇其實是行動體
主體能動性的表現，並不是客觀現實制約下的被動回應。而
且，通過理性選擇所形成的結構或制度，不是靠物質有形的因
素或向度就可以說明的，而必須靠非物質有形的詮釋，其內容
才會體現出意涵與意義，進而也才能被理解和認知。反過來，
「解放的」國際關係論述，強調國際體系不是給定的，從而是
可以改變的，這是對的，但是，不可否認的是，可以因行動體
實踐而改變的國際體系或情境，對行動體而言，既是實踐的場
域也是「客觀」的現實；亦即，行動體受客觀現實的制約，同
時也在其中實踐，進而會去改變「客觀的」現實，而行動體則
又進入另一個因為實踐而改變的「客觀的」現實中。亦即，「解
放的」國際關係論述與現實主義／自由主義傳統，基本上都只
是看到國際關係的某些層面，這就替中間路線的向度，提供了
空間，而社會建構主義的國際關係理論，則視其為具體的表現。

　　「解放的」國際關係論述，雖然根據與現實主義／自由
主義傳統不同的本體論，但是，基本上也是把國際體系當成是
物質有形的結構，就算是偏重文化向度省思的女性主義和後殖
民主義，被用來分析國際關係時，也都朝政治經濟向度轉換傾

斜。結構是具體有形的,但其內容、形式和意義是被實踐創造和建構起來的。

以 Alexander Wendt 為代表的社會建構主義的國際關係論述,既承認在行動體外存在著客觀的國際關係(體系)的實體或現實,它可以制約行動體,但又強調這個實體或現實是行動體的實踐場域,是可以因著行動體的實踐而被改變的;而且,以國家為主的行動體還可以在實踐的過程中,賦予實體或現實的意義,使其可以被認知和被理解;而且,只有通過認知和理解,才有可能導致實踐,亦即,國際關係(體系)既是一個主體或現實,更是一個文本,行動體與其之間是置於一個交互主體的理解詮釋的關係情境中。做為一個文本,絕不是由所謂具體有形的政治經濟性的權力和利益所構成的,而是通過以語言、符號為中介的意義建構、詮釋和溝通所促成的。這也就是說,國際體系既是物質有形的結構,又是意義的結構;因此,它既是一個意義的主體,更是一個文本和行動體實踐的場域。行動體在其中絕不只是做所畏懼體有形的理性選擇,以追求有形現實的利益而已,還必須具備有文本詮釋、理解以及由此所延伸出來的行動體之間的溝通的能力。物質有形利益的追求,必須通過對文本的詮釋以及由此所相關的認同和身分的界定,才會有其意義,也才能進行;而通過認同、身分界定,以及由此延伸出來的理性選擇和利益追求,所改變建構出來的客觀現實,又會去制約影響行動體的認同和身分界定。

其實,現實主義/自由主義傳統,「解放的」國際關係

論述以及社會建構主義的國際關係論述，都是從內理解掌握國
際體系的途徑，而這些途徑之所以能夠形成，除了有其本體論
上的依據外，更重要的還有來自於個體主義／自由主義思想，
馬克思主義、結構功能主義、後現代主義和後結構主義、社會
行動論的影響。亦即它們各自的本體論的內涵，是靠後面這些
論述而獲得呈現的；沒有後面這些論述，它們的本體論是無法
被理解、甚至是空洞的；通過後面這些論述所呈現出來的本體
論論述，就可以型塑一套有關國際體系的理解和詮釋，甚至形
成一套文化氛圍，當制約影響行動體的行動，我們可以這麼
說，國際體系中行動體間的互動，絕不是所謂通過理性選擇為
中介所形成的絕對利得和相對利得的計較而已，而更是各種認
知、理解以及文化論述的競爭；絕對利得和相對利得的計較，
與各種認知、理解以及文化論述的爭鋒之間，是相互滲透、相
互支撐的關係，它們之間不是二元對立的關係，而是辯證結合
的關係。而這也就是說，本體論必須被轉變成一套認知、理解
以及文化論述，才能發揮具體現實的影響力。我們還可以進一
步說，現實主義／自由主義傳統，「解放的」國際關係論述，
以及社會建構主義的國際關係論述，都是本著各自本體論所形
成的一套認知、理解和文化論述。

二、知識論上的現實主義／自由主義／解放的國際關係論述

在知識論方面，由於客觀主義本體論的制約，現實主義和自由主義兩大傳統，基本上形成客觀主義的知識觀。認為我們面對「客觀的」國際體系或關係，就是要獲得有關的「客觀」知識，並且通過工具主義的角度認為，所獲得的這些「客觀」知識，是用來解決或化解現有國際關係體系會面臨的問題，以保證國際體系中的社會和權力關係能夠持續存在和正常的運轉，從而又表現出功能主義的知識觀點；亦即，人們所獲得的有關「客觀」知識，是為現實的國際體系中社會和權力關係而服務的，以維繫保證或甚至鞏固既有的國際體系為前提。

亦即，之所以要去獲得有關的「客觀」知識，目的是為了進行理性選擇，有利於絕對利得或相對利得的追求。而為了實現這種目的，人們最主要的是去找尋發現國際關係中客觀的因果關係，進而去解釋預測或掌握國際關係的運轉。在這種知識觀中，當然會儘量要求人們不要涉入道德或其他價值的評斷和考量，以求所謂的「客觀」；從而達到所謂中立超然。人們或行動體獲得這種知識，目的是擁有在既存的、給定的國際體系中生存的理性選擇的能力，以結構分析解釋或進而去掌握控制現實。

　　由於客觀主義的知識觀，使現實主義／自由主義傳統認為，有關國際體系的客觀知識，是反應和呈現現實；因此，人們不能也不必從批判或解構的向度去看待現實，任何不能「客觀」反應和呈現現實的論述，都是非理性的，甚至是所謂帶有「偏見」的意識形態論述。

　　這種知識觀，首先要人們去掉主體性，去找尋發現現實的客觀規律或客觀性；亦即人所面對的是一個客觀的結局也是物化的現實；在這個向度上，這種知識觀很容易延伸出保守主義的社會或政治心態，從而取消人們的批判和解構意識及能力，變成維繫既有現狀的工具；而在另一方面，這種知識觀強調，當人有了這種客觀的知識，就可以分析解釋，甚至可以去掌握和控制現實，這就為一些知識或權力菁英建立或維繫其地位和權力，取得合理性的辯護基礎。

　　既然知識或理論是去主體性的反應或呈現現實的結果；因此，理論也被要求與行動體的行動實踐要區隔開來；行動體在獲得這些客觀理論或知識後，就依賴它客觀的去理解或掌握、控制現實；亦即，行動體的這些解釋或對現實的掌握控制也是「客觀」的在進行的，是沒有價值或偏見成分的。

　　「解放的」國際關係論述，基本上從主體主義的本體論出發，把國際體系不只是當成給定的，而是行動體進行行動實踐的場域；因此，行動體置身於實踐場域中，絕不是想去獲得有關的「客觀」知識，而是如何繼續其行動實踐；建立有關國際關係的論述或理論，是行動體的行動實踐的表現，或是某種

形式的行動實踐,從而更是促使國際關係改變的中介橋樑。亦即,有關的論述或理論的建立,絕不是為了呈現或反應客觀的現實,更重要的是為了批判、解構、超越或改變現實。而為了體現論述或理論的這種實踐功能,相關的論述或理論會著重在強調既存的國際體系結構或國際關係,是以霸權、強權宰制為中心或是由錯誤的意識形態所掌握的,從而是違反公平正義、人道主義以及使行動體無法真正的認清現實與自己;因而是必須被改變的。

「解放的」國際關係論述,基本上就是呈現兩種途徑:激進的結構主義和激進的人本主義。前種途徑要求行動體必須通過由現實結構中既存的宰制壓迫所延伸出來的衝突對抗中,從既存的不合理的現實結構中解放出來;而後種途徑則要求行動體必須體認既存的現實是由錯誤的意識形態論述所界定和掌握的,因行動體必須要有自覺從而具有批判的能力。要求自己不再做為「自然存在」(自在)的或叫做「客觀」的存在,進而轉變成「自為的存在」,彰顯自己的主體性。上述這兩種途徑分別都受到馬克思主義的影響,前種途徑被認為是受所謂成熟馬克思主義的影響,而後種途徑則被認為受馬克思早期以異化論為主的論述的影響。講得更進一步的就是,前種途徑貫穿了馬克思主義發展過程的第二國際、第三國際,包括列寧主義、史達林主義和共黨國家官方的論述,達倫道夫的社會衝突論、阿爾杜色(Althusser)結構主義的馬克思主義、依賴理論、世界體系理論;而後一種途徑則是通過馬克思《一八四

四年經濟手稿》、盧卡奇（Lukács）、葛蘭西（Gramsci）、
法蘭克福學派（Frankfurt School）、後現代主義、女性主義和
後殖民主義（post-colonalism）等獲得發展的。

　　不過，其中特別值得注意的是，並不是所有女性主義的
國際關係理論都要求解放。女性主義的國際關係論述基本上包
括現實主義或稱為經驗主義的女性主義、激進的結構主義的女
性主義以及後現代主義的女性主義，其中後兩者才會著重要求
婦女的解放[6]。此外，依賴理論或世界體系理論，雖然與現實
主義／自由主義有著不同的本體論，但基本上與現實主義／自
由主義一樣把行動體視為進行具體、物質與有形的行動者，而
其實踐當然是具體、物質與有形的。其實，可以說，整個激進
的結構主義的途徑，都有相同的看法；他們雖然注意到結構之
所以必須改變，有其價值理念的意涵，但是，他們都強調結構
改變在歷史發展中的重要性，從而把價值理念層次的重要性看
成是從屬的。

三、一個新的詮釋觀點：社會建構論的
　　　主體／客體辯證

　　面對於社會建構論的國際關係論述而言，因為其在本體

---

[6] Roger D. Spegele, *op. cit.*, pp.11-12.

論上，一方面承認有「客觀」現實的存在，但另一方面又強調
這個客觀現實是行動體通過行動實踐建構促成的。這種本體論
所延伸出來的知識觀，就會形成如此的看法：一方面承認存在
有關國際關係的「客觀」知識，但這種知識是因著行動體的行
動實踐而成為可能的。亦即客觀知識存在是奠立在行動體行動
實踐的基礎上。對社會建構論的國際關係論述者而言，國際體
系中的行動體（主要還是國家）置身於歷史長河中的「客觀的」
結構現實中，使其具有時空交錯而成的位置和身分；亦即行動
體通過歷史和現實結構所擠壓出來的「社會」身分，和其他行
動體以及「客觀的」結構現實互動，歷史和「社會」身分會制
約行動體利益選擇和追求的內容、意涵和方向，而這種行動選
擇又會去改變建構「客觀的」結構現實以及歷史[7]。亦即，行
動體在行動實踐的過程中，必須伴隨著對歷史長河中形成的
「客觀的」結構現實的認知、理解與掌握，這種認知、理解與
掌握是行動體的行動實踐的表現，或可以說是行動體的行動實
踐的一個環節；而行動實踐又會改變「客觀的」結構現實的內
容，從而又必須引導另一波的認知理解。亦即，社會建構論的
國際關係論述，一方面把理論或知識的追求和建立，看成是行
動體的行動實踐的環節，從而企圖消解理論與實踐二元對立的
張力；但另一方面，又承認理論與知識可以具有客觀性；不過，
這個客觀性不是先驗的、被給定的，而是行動體通過行動實踐

---

[7] Alexander Wendt, "Constructing International Politics", In Michael E. Brown, Owen R. Cote, Jr., Sean M. Lynn-Jones & Steven E. Miller. eds., *Theories of War & Peace*, The MIT Press, 2000, pp.420-422.

所促成的「客觀」現實的反應和呈現。

　　社會建構論的國際關係論述，主要是要告訴人們，客觀
的現實是在歷史中形成的，而歷史是行動體過去行動實踐的過
程；通過歷史所形成的客觀現實讓行動體擁有歷史角度以及社
會性的結構角色；因此，行動體彼此間通過歷史與社會結構現
實而具有整體（total）的關係，整體性（totality）所型塑現實
下的角色和身分，會制約影響行動體的行動實踐的方向、內容
和意涵；亦即這種行動實踐絕對不會是一種抽象的經濟性的理
性選擇或利益追求。這也就是說，行動體是社會存在和歷史存
在，而不是抽象的抽離社會和歷史的經濟存在；至於國際關係
和國際體系更是經緯萬端的社會歷史文化實體，而不是抽象的
抽離社會和歷史的市場或經濟實體。

　　通過歷史和社會結構所形成的整體性才能型塑或甚至制
約影響和規定行動體的個體性（角色與身分），而依據著個體
性所開展的行動實踐，又會去建構型塑國際關係或體系的整體
性，整體性與個體性之間不是二元對立的，而是相互滲透、相
互保證的辯證統一在一起。因此，行動體之間或行動體與國際
體系之間的關係，不是抽象的因果關係；亦即因果關係是內於
結構和整體中的，而不是互不隸屬，或甚至二元對立的兩個範
疇。傳統經驗主義的因果觀就是這種二元對立的因果觀，這種
因果觀有可稱之為外在的因果觀，把原因看成是獨立於結果之
外的範疇，而且以絕對抽象的方式導致結果的產生。

　　這種因果觀念，基本上是以線性的或撞球式的邏輯為基

礎，缺乏整體和結構邏輯的考量。因此是抽象的。而從整體結構和歷史的向度所形成的因果觀念，基本上是內在的因果觀念，這種因果觀念不只是考量時間因素，還考量空間的因素，因果關係是內於整體和結構中產生的，它們的產生和發展本身又帶動整體和結構的變化和發展[8]。

　　所謂整體性對於行動體而言，代表著某一方面行動體可以有客觀現實作為依托憑藉或行動實踐的場域，但另一方面又能通過此依托憑藉或場域，以行動實踐作為中介來展現個體性或主體性。而這也就是說，通過行動體和行動實踐，整體性和個體性獲得統一，沒有來自於歷史和行動體的行動實踐就沒有整體和整體性的形成；同樣的，沒有整體和整體性作為依托，就沒有行動體的行動實踐從而也就缺乏個體性和主體性的展現。亦即理論或是知識的形成，代表著主體性和整體／個體的辯證統一；理論或知識的確立，不只代表對客體認識的呈現，也代表著主體的行動實踐；不只代表整體對個體制約影響以及規定力量的展現，也代表個體展現個體力的表現。

　　社會建構論的國際關係論述，在本體論與知識論上，企圖跳出主體主義和客體主義的區隔或對立，進而強調，其實主客體都不是先驗的、被給定的，它們彼此都是透過行動體的行動實踐，相互生成和建構出來的；亦即行動體透過行動實踐去生成建構客體，而行動體又以行動實踐為中介，通過客體來生成建構主體；這種主客體互為建構的過程，即是歷史屬性的一

8　Alexander Wendt, *op. cit.*, pp.25-26.

部分，同時也是社會結構呈顯的一環；在行動體的行動實踐過程中，才會出現客體以及主體，它們在行動體的行動實踐過程中，可以不斷辯證統一為整體，而在這個整體中，主體中有客體因素的制約影響滲透力的存在，客體中有行動體行動實踐的作用力存在；主客體彼此之間呈現「你中有我，我中有你」的現象。很明顯的，社會建構理論的國際關係論述，想要調和現實主義／自由主義傳統與「解放的」國際關係論述的企圖相當明顯，因此，其想要做為後兩者之間銜接的橋樑的角色也至為凸出；這種企圖與角色的表現當然受社會行動論的影響，不過受馬克思主義影響的程度，更不容忽視。

在現實主義／自由主義傳統中，國家是主要甚至是唯一的行動體，這種認定或設定、或現實與民族國家的論述和發展有直接的關係，因此，也是被建構出來的歷史結果。而在自由主義國際政治論述已經強調國家讓渡主權以形成合作或互賴機制的重要性，隨著國際體系中互賴情境的更為發展，主權的內外在區隔開始崩解，而讓渡主權的必要性也日漸成為一個現實，主權讓渡的結果，首先就是一些由國家共同參與組成的跨國家的機制或組織的出現，他們當然是國家的組合，但又對國家產生制約影響力。而隨著一些市民社會（civil society）力量的發展，以國家為中心的政治論述，開始遭到挑戰，多行動主體的治理（governance）論述也從九〇年代開始抬頭；更有甚者，隨著市民社會的跨國化發展或全球化發展，以國家為中心的國際政治論述也遭到質疑，包含跨國企業、非政府組織

（NGO）、非營利組織（NPO）在內的力量的發展，被認為對國際政治產生愈來愈不可輕忽的作用和影響，多元行動主體的「治理」論述也進入國際關係的論述領域中，全球治理的觀點勃興並且引發各界的重視。國家被認為必須通過這些國內或跨國的市民社會力量，有可能去解決許多非國家所能獨力完成的事情和問題；而這些跨國的非國家力量，確實也對國家產生相當大的制約和影響力。這種形勢的發展，當然顯示將全球事務完全國家化已經是不太可能，甚至是不符合現實的。

社會建構論的國際關係論述注意到上述這些發展，但顯然的，其還是寧願選擇國家做為國際關係的主要的行動體；順著社會建構論的論述邏輯來看，跨國市民社會力量的發展還不足以大到將其自身建構為和國家並行或分庭抗禮的行動體，充其量只能是國家或國家聯合體的補充，不過，隨著冷戰的結束，要求一體化的舊霸權結構也隨之解體，種族、族群的差異和自主性的要求隨之勃興，以國家為中心的國內政治和國際政治論述，恐怕將愈來愈難獨霸，再加上後冷戰時代所引伸出來的認同的多元和分歧程度的擴大，人類到底會進一步建構出什麼樣的生態格局，值得吾人特別關注；而可以想像的是，其面貌恐怕將超出以國家為中心的圖象。以國家為中心的論述，可能是一種嚴重的化約，不管是現實主義／自由主義傳統，「解放的」國際關係論述，以及社會建構論的國際政治論述，卻必須嚴肅的去面對上述的問題。

四、代結語：資訊時代下的主權轉換

主權有內在和外在的向度，這兩個向度具有關聯性，不過，這種關聯性隨著歷史的演變而呈現不同的形式。在二十世紀早期，主權的內在向度被認為優先於外在向度，但是在二戰以後，這個觀念退潮，主權的外在向度被認為優先於內在向度；不過，這種形式在冷戰結束後又有所改變，主權的內在向度的重要性受到重視，前所述及，國際政治現實主義的形成，與民族國家和主權的論述與發展直接關聯起來，而如果講得更細一點，國際政治的現實主義主要是順著主權的外在向度邏輯發展出來的，主權的外在向度被認為與政治領袖和政府關聯在一起，而與市民社會的形成發展經常形成張力或甚至對抗衝突；因為，主權的外在向度的運作，經常會變成獨裁專政的辯護基礎，從而成為壓制多元社會力量發展，以及反駁所謂外來干預介入的藉口。很明顯的，冷戰結束後，世界的動亂，基本上不是由外來的干預介入或「侵略」所引發，而是一國內部的種族、族群衝突或獨裁統治所引起的。因此，世界的和平或區域的穩定，繫於國家能否順利甚至合法正當的運作其內在向度的主權，這種主權的行使，不只強調國家能否有效運用強制力，而更在於能否具有合法正當性，隨著這種形式的發展，人民主權（popular sovereignty）的論述開始勃興；在這種向度下

會強調，主權如果要受尊重，只有當一個國家的人民有機會去遂行他們的政治、經濟和文化權利才有可能。對人民主權的強調，將會特別凸顯市民社會的重要性，而前述「多元行動主體」的「治理」格局會成為政治論述的核心之一。

此外，隨著資訊科技以及由其所加速促成的全球化發展，具有一定資訊科技能力和條件的個人、單位或組織，都可能串成一個以網際網路、光電設備為中介的網路，並且型塑一個有系統無國界的虛擬空間，而更多的資本、文化、知識、訊息將在這個虛擬空間和網絡中流動穿梭；空間的轉換與發展，創造有利於過去的行動體，並且促成不同面貌的國內和國際政治的運作，甚至已有論者提出網路主權的概念，並且強調維護捍衛網路主權是國家最重要的外交政治任務之一；而就主權的內外向度來看，網路主權到底算是哪一個向度，或是獨立的新的向度，這都是國際政治或相關的政治論述必須面對的嚴肅課題。而且，虛擬空間的形成，對於傳統的本體論和知識論都會造成衝擊，因這個空間到底是物質的，還是心靈的，或是兩者都不是，或者兩者都是，恐怕不是傳統的本體論和知識論所能回答的。

而以網路為載體，進一步說就是以不受國界限制的全球為載體，國家不再是唯一的行動體，同時也不再是唯一的分析單位。此外，由於網絡所呈現的是有系統無固定形式或形狀，「全球」所涵蓋和指涉的範圍大也可有所不同；將來這種網絡的形狀和內容的轉換，有可能是影響國與國之間的關係形式和

內容，甚至也不只是跨越國界，也會跨越區界或實體界限，形成一種超三維的多維組合；論述至此，我們不得不對於我們所要面對的本體論和知識論的變革挑戰，以極為嚴肅的心理準備來加以因應。

第二章
資訊時代下人的處境：一個徹底顛覆與重構的多元時代

批判論證的起始點便是意識到個人真正是什麼，而這種
「知道你自己」是歷史過程的產物，它有無限的軌跡存
放在你身上，卻沒有留下任何的目錄。

葛蘭西——《獄中札記》[1]

一、再一次異化的「人」

長遠以來，「人是什麼」或「生命是什麼」以及「人與
現存世界的關係」這一系列的問題一直是許多思想家心中的疑
惑以及亟欲解決的命題，而在眾多社會學大師中，對啟蒙時代
以來觀察人與社會的互動現象做出最具代表性的詮釋或批判
者，當推馬克思（Karl Marx）了。馬克思可謂是影響近代社
會學最為深遠的一個宗師級人物，他不但對當代的社會學奠定
了批判理論的基礎，更開啟了社會學批判方法論上一個全新的
視野，並且由許多後繼者將之發揚光大，這一點我們在其後的
章節將會論述到。馬克思關注的焦點集中於人在資本主義運行
邏輯下如何被「異化」的現象，所謂的「異化」指的是在人生
命實踐的過程中，人的所做作為不但無法使人得到生命實踐的

---

[1] Antonio Gramsci, *The Prison Notebooks*, New York: International Publishers, 1971, p.324.

喜悅與解放，反而在實踐的過程中被所作所為給束縛、宰制，並因此而使行為本身與人生命實踐的意義背道而馳，甚至是使人的生命主體意義被取消了。這一點在馬克思早期著作《一八四四年經濟哲學手稿》中有十分深刻的描述與批判[2]。在《手稿》中，馬克思認為，在資本主義的運作下，人的勞動不再是人自我表現的一種現象，而是成為一種市場機制下的商品，工人必須出賣自己的勞動以換取生活所需，人被自己生產出來的東西給制約了，工人也在生產的過程被物化、工具化了。人的價值被換算成商品或貨幣來計算，在資本主義運作邏輯下，人的價值不在其本身能力之表現與釋放，而在其能力能轉換成多少商品價值，而人也因此而被「異化」了。

在傳統的看法下認為人之所以為人，在於其可以通過對外界的一切作為，表現出自身的生命力與活動力，並且在與自然和社會互動的同時，也證成了自身的主體存在，即人是作為一個自主的有機生命體存在，人是以自己為主體而存在的。但是在資訊時代下，隨著資訊科技的日新月異，人的生命力，不管是外顯的或潛在的生命力，都不斷的被解放／釋放出來，但人的主體性卻也不斷在這個過程中被其他事物替代。換言之，人的生命力在被解放、被延伸的同時，也不斷的被取代。解放和被替代是同步的、交叉的進行著，在這種發展下，「人到底

---

[2] 馬克思、恩格斯著，《馬克思恩格斯全集》第四十三卷，北京：人民出版社，1979 年。

是什麼」就面臨一個很大的衝擊，甚至是要被重新定義的窘境。傳統對人的定義或對人的理解範疇已經向「人機同體」的觀念傾斜，即由將人與機器結合成同一體的思維向度去觀察時，「人機同體」這種二元混合的觀點成為資訊科技下初步的發展邏輯。因為在資訊科技全面入侵人們生活的狀況下，傳統人們的實體「身體」的概念將被解構，而逐漸被機器或資訊科技所替代。而這種取代傳統對身體定義的「存在體」究竟是什麼，將會成為哲學上一個十分嚴肅且值得探討的課題。換言之，另一種「異化」的觀點隨之產生，原來人在工業時代被物質制約所產生的異化，在資訊時代的今天成了被「資訊」制約而產生的另一種異化。

　　從哲學上出發重新去界定「什麼是人」、「人如何可能存在」的觀念性問題，即是對「主體」概念的重新界定。一般在哲學領域中探討到人作為一個主體存在時，所指稱的通常是人作為一個有血有肉的有機體、生命體存在，這是作為一個人的基本定義。但在資訊時代，人已經不再是單純透過「身體」來表現出自己，資訊科技可視為是人身體作用的延伸而解放了人的生命力；但在其延伸人身體作用的同時，人的「身體」也同時被「入侵」了，而且這種入侵是一種全面性的，像人的行動能力、思維能力都被資訊科技給掌握、入侵了，人作為資訊科技下的一個行為者或行動者，其主體性已經被資訊科技給解構了，在這種資訊科技對人解放與解構的同時，人是什麼？主體是什麼？都成為一個必須要去深刻反思的問題。這個問題影

響所及，不只是哲學，就如政治學、社會學、心理學等學科亦將受到衝擊。

二、資訊時代下「理性」的淪陷

啟蒙以來，人類的思考活動能力是依靠著理性邏輯與外在世界互動的，傳統不管是以人本主義或是神本主義來看人類歷史的發展，理性邏輯都是被當成主宰人進行生命操作的根本法則。但在資訊科技的不斷發展下，理性將如何被看待？當整個世界運行的過程不再是以人的生命主體為基礎來界定一切，人的主體性已經被替代掉的同時，人類的理性何在？以人類為本的理性不再的同時，理性該以「誰」、以「何」為本？理性是否仍然存在？甚至連「理性」為何都成了問題。

在資訊科技的主導下，未來在虛擬或現實的生活模式運作下，必然會產生一個新的操作邏輯，這個操作邏輯是由資訊科技自身運作下所產生出來的，新的邏輯將會取代傳統的邏輯而成為一套新的行為準則，我們可以將之名為「資訊科技邏輯」。換言之，未來人與人、人與資訊科技之間的互動，將會被這一套資訊科技邏輯所宰制。

啟蒙以來，傳統習慣以工具理性、價值理性來思考人與人、人與自然間的互動模式該如何，通過這一套理性思考邏輯的運作，制訂了種種的規則或原理原則，並且由此開展人與人

之間的互動而形成種種社會關係網絡。當資訊科技將人的主體性替換的同時，「人是什麼」、「主體是什麼」都成為一種突破不了的迷思狀態下，資訊科技邏輯取代傳統的工具理性和價值理性而全面宰制了人的理性，進而取代了一切。

　　資訊科技邏輯基本上是跳脫出人的意志、人的情感、人的悟性能力、人的思維範疇的，資訊科技所架構出來的生態，影響人在心理和現實上的思維運作模式，並且使世界變成由這個生態所衍生出來的邏輯在運行，以人為本或以神為本的運作邏輯基本上已經被取代。虛擬世界的邏輯自成一格的籠罩在人類的生活中，傳統邏輯正在逐漸被解構當中。

　　資訊科技向人類鋪天蓋地的席捲而來，改變人類的生活模式和思維模式，把人類的傳統邏輯解構掉，通過像電視、電影、衛星、光纖電纜、電腦終端機將人類的生活全部包含在一個資訊生態之中，而人類則是在不知不覺當中便被過渡到這樣一個資訊生態中，並且在其中安身立命。未來，人有可能變成像寄生蟹一樣，而資訊科技則成為人的宿主；人在利用資訊科技解決一切生活問題的同時，無形中也落入了資訊科技的制約中，落入了資訊科技生態的運作邏輯中。人將會以資訊科技的邏輯當成自己的邏輯在思考，在這種氛圍下，「什麼是邏輯」也將會變成一個值得反思的問題。

　　現階段的資訊科技已經展現其強大的運作模式，具體表現便是網路生態的形成，網路世界是一個建構在實存世界下的虛擬世界，它是透過實體世界中的資訊科技為載體來呈現其無

窮無盡的時間與空間，並由此形成自己的運作邏輯而反過來將實體世界包含在其中。

　　啟蒙以來，人類的理性價值被提升到最高點，認為可以由理性出發去解決一切人類的問題，並可由此去貫穿人類一切的生活，使人類的生活實踐得到圓滿，理性成為人類解決問題和思索問題的最基本元素。但是在資訊時代，當人類進入了網路生態時，人的主體性地位在其中被消失了，人的理性也被消融在網路空間裏。網路世界中的網路邏輯取代了人的理性邏輯運作模式，人的理性在網路世界裏形成一種悖論式的發展，一方面依靠網路的聯繫與作用，為人類取得了不少生活上的便利與時間上的節省，這是人類理性計算的最佳化表現；但另一方面在網路邏輯的制約下，人的理性已經無法按照自己原有的邏輯正常運作，而逐漸被網路邏輯所取代。

　　網路生態下的生活，人的理性邏輯已經被網路邏輯全面的攻占。當人在享受網路所帶來的一切便利時，其實也是悄悄的將人的理性給全面放棄了；當我們適應於資訊網路時代的來臨而歡呼的同時，事實上也是網路科技將人之所以作為人的主體性給取代的時候；當我們習慣日常生活一切資訊化、網路化的同時，資訊科技邏輯或網路邏輯已經將人的理性給「繳械」了。人不需要再用理性去思考或計算生活上的可能與行為上的操作應該如何。

　　在資訊科技邏輯的制約下，人是以感官來面對生活中的一切，人的喜怒哀樂不再是經由自身的理性或感性而獲得，卻

是由資訊科技所制約形成的。人由電視、電影的影像中獲得感官上的滿足,由電腦網路的便利與無遠弗屆的擴散中獲得理性計算的極大化,人不再需要思考,也懶得再去思考。由資訊邏輯代替人來思考、代替人的理性與感性,人只要以感官來獲得資訊生態中所傳遞的訊息,並以此做出反應即可。在人由資訊邏輯獲得自身生命延伸下理性與感性的最大化的同時,作為真正人主體性的自身理性與感性卻被極小化了,表現出一種悖論式的發展。

舉一個十分實際的例子,美國人在七〇年代曾經反思,他們的生活似乎已經成為一個「遙控器的時代」。人最大的休閒活動和無聊時最常做的事,便是按下遙控器打開電視,藉由感官上的刺激來讓自己放鬆或填補生活上空白之處,這樣便可以消耗掉一天或得到心靈上的滿足,但與此同時呈現的是:愈來愈多的美國人離不開電視,在人們利用電視釋放自己的同時,電視也反過來制約了人的生活。這就像是吸毒一樣,人變得無法脫離電視,人的思考邏輯、生活模式也成為了電視邏輯與電視生活。

在網路時代,可以看出人正面臨相同的處境但卻更加嚴重:資訊網路時代可謂是「一根手指的時代」(用一個手指碰觸按鍵便可獲得所要的資訊或服務)或是「一隻老鼠的時代」(用一隻電腦滑鼠來操作電腦便可獲得一切資訊或服務),未來,當人習慣於用「手指思考」來代替「腦力思考」、習慣於進入「老鼠世界」時,人的生活與人的邏輯將全面被網路生活

與網路邏輯所取代，在這種情形下，人將無法、也不想為自己定位，感官上的作用取代理性，人的生命歷程將成為一套資訊邏輯的發展歷程，人不再成為做為主體的人，而淪為資訊邏輯下的附屬品。好萊塢前一陣子的熱門電影「駭客任務」便生動且具體的描述出這種狀況來。

　　很多資訊科技菁英和一些高級知識分子往往無法正視到此一事實，他們或許會承認，在他們利用資訊科技的同時他們也被制約了，但他們會認為這種制約只是生活上的一小部分、是一種為求人類進步下所不得不為的一種向資訊科技的讓步，但他們通常無法去承認到自己其實已經失去主體性而為資訊科技邏輯所全面宰制了，他們的生活模式事實上已經脫離他們自身，而是資訊科技為他們所鋪陳好的。這種無法自覺的情況一方面是由於身在其中而難以自知，但另一方面卻也由於他們是藉由拜資訊科技所賜方能有今天的如許成就，他們自然不願意去接受這種由「利用者」轉變成「被宰制者」的觀點，有些時候人身在其中，雖然貼近了與被研究對象的距離，但反而也因此而受制於整個研究氛圍下而無法看清事實或做出客觀的判斷。

　　人一向習慣用經驗來判斷事情，以經驗法則來論證未來事情發展的可能性，這是一種理性思維下的正常模式，但人如果用一種亦步亦趨的態度去追求經驗的可靠度並將其絕對化，那便是一件非常可笑的事了。經驗之所以能發揮作用，亦必須是透過人將之做理性的思考而應用在人類實際生活上

的，經驗的有效與否或能否遵循，不只是是取決在人的理性思維模式，更重要的是透過人的生命力去做出詮釋的。而在資訊科技邏輯下，當人的理性思維與生命歷程全部被網路邏輯所取代的同時，人的經驗也失去了作用，經驗對人的意義不再，它的價值也被消解在資訊科技邏輯中。

資訊科技時代下，當人類傳統的生命能力被延伸、被擴充的同時，人也被替代了；在人享受資訊科技下所帶來的一切成果時，也不由自主的必須面對被宰制的下場，「人」成為了「非人」，這一種悖論式的發展，是人在資訊科技時代被異化的具體表現。

面對一個新時代，傳統定義下的「人」可以自我反思或重新定位自我的邏輯能力，已經被科技邏輯所取消，所有傳統人際互動所發展出來的社會網絡關係都將面臨一種重構的過程。人的倫理道德和一些社會規範，都將在資訊科技時代面臨解體的命運，而被迫以資訊科技邏輯為起始點，來重新建構一套互動與生活法則。

資訊科技和網路生態的出現，對傳統的人的本質和人的結構，以及由此而衍生出來的種種社會關係，都造成了極大的衝擊與改變。傳統對人的本質、婚姻的本質、家庭的本質乃至社會的本質和立基於其上的種種關係也面臨解體與重建的命運，我們將由網路的興起對人本質認知的改變、婚姻家庭觀念的解體與網路和生物科技的發展、網路時代對傳統法律的挑戰、資訊時代下網路對宗教的衝擊等幾個方面來做一些簡單的

論述。

三、生活的變革與生命觀的改變

　　人作為一個自然存在的主體，有其一定的生物能力，但我們不可忽視的是，人的生物能力其實也是隨著歷史的發展而有所改變的。舉例而言，在飛機發明之前，人只能在地面上行走，在天上飛行只是一種近乎神話似的夢想，但飛機出現之後，只要搭乘它便可以滿足人類遨翔天際的念頭，同時也可以到達更多之前人類所到不了的地方。這種人類活動能力與活動範圍的延伸，隨之而來的便是由於飛行能力帶動距離在時間與空間意義上的縮短，人類可以從事更多、更廣泛且複雜的行為，你可能早上在台北開一個重要的會議，下午便悠閒的在廣州動物園裏看熊貓，晚上和心愛的人一起在香港的夜景中享用著浪漫的燭光晚餐。拜科技發達之賜，人類的生物能力被大大的提升了。

　　這種因為科技所帶來對人類生物能力的延伸與提升，在網路時代更是被發揮得淋漓盡致。古人所謂的「秀才不出門，能知天下事」在今天是一件輕而易舉便可以做到的事，只要進入了網路空間裏，便可以獲得你想要的資訊與服務。

　　資訊科技愈來愈發達的同時，透過網路空間，看似拉近了彼此之間人際關係的距離，事實上卻是使彼此之間的距離更

加拉大了。未來男女之間的感情或甚至是親暱關係,其實可能是通過虛擬來進行、而不再是身體上的行為,好萊塢電影中有一部史特龍主演的「超級戰警」,其中有一段便是描寫人類發展到未來,性愛關係不再是肉體上的接觸,而是透過虛擬的網路來進行的。所以,在網路邏輯的運作下,未來有可能出現像「網路結婚」這種在現在聽起來匪夷所思的新時代婚姻出現,甚至還會成為主流!

　　資訊時代下的電腦網路入侵家庭之後,電腦網路替代了傳統的家庭的教育和提供情感慰藉的功能。小孩把精神寄託在電腦世界裏,不管是感情、交友、學習對象、生活重心均變成以電腦為主,而生活在周遭的家人反而變成咫尺天涯,非常的陌生。因為家人是活在一個實體空間裏,而這對他來說反而是沒有親暱性或親切感可言的。他的親暱性或親密感是透過電腦世界、網路世界來找尋、獲得的,而且來自父母親與家人的接觸或教育會給他帶來很多方面的限制,但是在電腦世界裏他只是不斷的獲得他想要的資訊與知識,亦可以從其中獲得他所想要的感官滿足。在小孩的世界裏,他可以透過電腦與網路來建構出自己所要的世界來,透過這種建構,他慢慢的將自己與網路空間融成一體。對他而言,真實和虛擬之間的界限已經不再也不必如此明確,電腦空間和網路空間對他而言,逐漸成為真實生活的全部,現實中的種種真實,在他的認知裏反而成為了虛擬。

　　不只是小孩在成長的過程中會受到電腦網路的影響,一

般成年人也無法避開這種資訊科技下的全面入侵。電腦世界與
網路為人們提供另一個充滿自由、充滿創意而且是無限可能的
虛擬世界。一個人可能在日常生活中必須循規蹈矩、安分守己
的過日子。但是在電腦世界裏，他可以放浪形骸、藉由其中去
獲得自我能力的解放。在現實生活裏，他可能是一個一事無成
的平庸之輩，但在網路空間裏，他可以將自己塑造成一個與現
實自己截然不同的對象而悠遊於網路這個虛擬空間中。他在現
實空間中所不敢為或不能為之事、他在現實空間所得不到的滿
足感，全部可以藉由另一個虛擬世界中的化身來達到。他可以
為所欲為、甚至化身去交女朋友與談戀愛，所有現實生活中的
不愉悅、不如意，都可以藉由在另一個空間的獲得成就而得到
滿足。而當他愈來愈沉迷在虛擬世界的美好同時，實體世界對
他而言反而成為一個沉重的枷鎖，變成是他一心想逃開的地
方。

　　很多時候人忙碌一生，往往要追求的是一種自我理想的
實現，但這個理想往往被現實給羈絆住了，而使很多人到最後
往往過著平淡的生活。但當一個人可以在網路上拋開實體生命
的束縛而實現自己的理想時，那網路世界的意義對他而言便遠
大於實體世界了。但他的生命歷程和基本生活需求，以及其他
種種一切活動卻仍是立基於這種實體世界的，他在虛擬空間裏
的所有成就必須透過實體空間為載體來達成，而實體空間的一
切可能是與虛擬空間的一切美好恰恰相反的。於是這種虛擬空
間的成就遂成為一種缺乏真正基礎的成就，這種嚴重的落差會

導致人心理嚴重的落差感，甚至導致一種精神上的分裂。

　　網路空間可以提供人們一個重新建構自我的機會，而且這種重新建構自我的機會的可能性也是無限的。人可以在網路世界裏擁有多種不同的身分，一個人可以化身成多種不同的個體，而這每一個個體在網路世界裏都是鮮明且自由的活著；透過網路，他可以釋放出自己潛存的所有無法在現實中獲得表現的能力，或是不敢在現實世界中表現出來的陰暗面，這些都可以透過網路塑造出無限個自我展現的「主體」來，一個在現實生活中不善言辭以致缺乏朋友的男孩，可以在網路上展現其才華以獲得眾人的重視與推崇而好友成群；一個肥胖且其貌不揚以致於缺乏自信的女孩，可以在網路上化身為一個顛倒眾生的窈窕美女而重獲信心。像這些情形，都會使人愈來愈沉溺在自己所建構的自我中而不願意回到現實來，到最後虛擬與現實間的界限似乎也變得不那麼明確了的時候，人對自我的真實性也變得愈來愈不明確，「我是誰？」「誰是真正的我？」可能會變成很多人心中的疑問。

　　在資訊科技邏輯的主宰下，也為人提供了新的生活形態，顛覆了許多傳統認為的實用與有意義的價值觀念。如早期認為小孩子沉溺在電腦遊戲裏是一件不好的事情。但現在已經有人順應這種時代潮流的發展，將這種純遊戲行為與資本主義商品化邏輯結合，而推出了如戰略、角色扮演等遊戲的比賽，勝利者可以獲得獎金與獎牌，還可以參加巡迴賽。在這種商業導向下，遊戲的過程本身已不再是一種純娛樂或無利益價值的

行為了，它成為了一種有價值的商品。遊戲玩得好的人可以在這個新崛起的領域裏得到實質上的利益，同時又可以得到他人的認同與尊敬，成為新的偶像；而這種比賽又會形成另一種商機的出現，帶動相關的雜誌與媒體節目的產生並且蓬勃發展，久而久之便形成了一個電玩遊戲生態。這種電玩遊戲生態看起來好像是在商人運用資本主義邏輯所發展起來的，事實上已經是在網路邏輯的制約下所發展出來的了，人們的邏輯已經被資訊科技邏輯給替代了，當我們以為這種新的遊戲所代表的社會意義是我們賦予的同時，實際上卻是在科技資訊邏輯透過社會所賦予的，人類不再是建構社會意義的主宰者，資訊科技邏輯取代了我們的地位。

　　或許有人會意識到此點並做出反思，從而做出看似完全脫離資訊科技邏輯束縛的生活來：不上網、不打電腦、不用電視來排遣時間，不讓自己的生活受到資訊科技的宰制，當所有人在「全民上網」的同時，他可能一個人跑到海邊去看夕陽，過著「逃離電腦」的生活。這種生活模式乍看之下似乎是對資訊科技時代制約下的一種反動，是一種向資訊時代脫離的一種作法。但若這種生活模式受到人們的重視且蔚為風潮之後，爬山、游泳、到郊外踏青等傳統休閒活動會被大力鼓吹，「遠離資訊污染，回歸自然生活」的口號可能會變成人們對抗資訊科技的新訴求，但這種訴求到後來便又會被包裝、被再製，形成一種「反對資訊科技宰制人生活」的「商品」被推出來，「反對資訊回歸自然」的過程本身也成為一種「對抗資訊科技生

活」的商品，一樣成為是在資訊科技邏輯運作下的商品。甚至後來這種活動仍必須透過網路來大力鼓吹與號召，換言之，不管是贊成或反對資訊科技運作的人、不管是順從或是背離的人，皆免不了在資訊科技邏輯架構的這個思考氛圍下被宰制著。

在網路世界生活習慣的人，往往會對現實有一種適應不良症，尤其是當他們在網路世界裏是一個要風得風、要雨得雨型的人物時。當一個網路沉迷者將應用於網路上的那一套思維模式或待人處事模式應用到日常生活時，往往會出現不合乎其所預期的情形，可能在網路世界裏他是一個十分受女孩歡迎的人物，但在現實中卻難以獲得異性的青睞；或在電腦遊戲裏他可能是一個企業多角化經營的高手，但在現實生活中卻連最基本的業務員都當不好。這時，他們對現實的抱怨會更加嚴重，甚至否定現實。對自己的認知也會出現嚴重的模糊與矛盾，於是在現實與虛擬之間的割裂狀態所產生的相對挫折感，使他成為一個無法定位自己、無法認識自己的人。這種自我矛盾、自我分化終將導致一個人產生對現實的焦慮、煩躁與不信任，進而逃避，甚至是對自我的逃避，而躲進那個他自認為安全且真實的虛擬世界中，把虛擬現實化，虛擬直接取代了現實，最後終於導致個人的崩潰。

資訊邏輯向人類生活的全面入侵是缺乏抵抗力的，即使人能反思到在資訊科技邏輯的制約下，人已經逐漸喪失了自我的邏輯，但卻也已無力掙脫這種束縛，因為這種束縛是在不知不覺當中形成的，當你意識到有這種資訊邏輯存在的同時，也

許你的思維邏輯早已被制約在其中了，你無法分別何者是你傳統的邏輯、何者是資訊科技邏輯。換言之，資訊科技邏輯是以一種超越時空、無孔不入的方式悄悄的進到人的思維邏輯中的，並進而悄悄的取代了人的邏輯；只要你是生存在資訊科技時代，你就脫離不了這種被宰制、被替代的命運。

資訊科技的發展帶動其他領域，其中生物科技發展便是影響很大的一環，在資訊科技的協助下，生物科技利用電腦完成了許多以往限於技術層面而完成不了的發展。生物科技的發展衝擊著家庭、婚姻的形成，新時代的生物科技若再與網路科技邏輯的發展相結合，對社會未來的影響程度甚至可以大到無以附加。

隨著人類生物工程和基因工程技術的一日千里，當複製羊「桃莉」問世後，人類便樂觀的相信，在未來的十年到數十年間，便可以有複製人的出現。這種生物科技上有如「創世紀」般的發展，引起了許多人的恐慌，許多人基於宗教、倫理道德、血緣、法律和其他各種理由強烈的反對複製人的出現，並認為這是一件足以毀滅社會、毀滅世界的錯誤，許多人一想到那種只有在科幻小說中才可能發生的情節，將會出現在現實生活中便覺得不寒而慄。而且複製人牽涉的層面實在太廣，許多人認為一旦第一個複製人被創造出來，將徹底的改寫許多在人類歷史發展過程中所形成的規律，改寫我們現今對「人類」的定義、對生物的定義、對親緣關係的定義，這也會直接影響到人類社會的正常運作。未來判定父母與子女的親緣關係可能不再是由

傳統的生育概念，而是以精子、卵子的歸屬權來做依據；未來的婚姻中最重要的生育功能可能被取消掉，因為利用生物科技便可以抽取自己的 DNA 來培養另一個自己出來，不需要再經由男女之間的性行為，下一代變成了無性生殖；而婚姻關係也不必然需要存在，就算存在，也不必然是要由異性結合組成，同性婚姻不再是什麼了不得的大事；影響所及，傳統家庭存在的必要性與必然性，全然在生物科技的發展下被解構了，社會也將全面解體。

當最初試管嬰兒在實驗室被培育出來的時候，被認為是生物科技對傳統宗教與自然和社會的一種挑戰，認為人類不該違反自然的生育法則、不該想要當上帝，而且這種行為會影響到社會的穩定與平靜。十幾二十年過去了，人們對試管嬰兒的反對和抗拒已不再有如當時一般的強烈，大多數人皆已能正常的看待這件事，甚至將它看成是一種科技發展下的成果，是人類醫學技術進步的最佳明證。很少有人會再用宗教、道德或法律的觀點去質疑試管嬰兒的出現。

換言之，一種全新的認知邏輯取代了傳統的思維邏輯，當資訊科技發展快速的同時，資訊科技邏輯改變了人的看法。

複製人的事情也是一樣，在資訊科技的發展下，資訊科技邏輯已經取代了傳統邏輯，也在不知不覺中改變了我們對「人類」的定義，改變了傳統家庭和社會生活的概念。複製人的出現在資訊科技邏輯的思維下變成一種自然的發展，是一種科技進步的象徵。當人同時在現實與虛擬空間都能建構出屬於

自己生命的可能性，且大量而貪婪的利用資訊科技在延伸自己
生命力的同時，自然會將這種現在視之為驚世駭俗、違反自然
的事情視為平常。到時候，器官販賣、無性生殖、家庭功能的
解構或家庭本身的重構，都可以在資訊科技下，人原本只能在
虛擬空間中所做的要求轉成為實體化；在電腦上進行的遊戲在
現實世界中成為可能，諸如「美少女夢工廠」之類的夢想不再
只能建構在虛擬空間裏，資訊科技的發展帶動人對生物科技發
展的渴求；生物科技的發展加強人在實體空間生命能力的擴
展，並且更加依賴資訊科技和網路上虛擬空間的溝通與模擬，
兩者呈現出一種辯證發展的關係，而這一套實體與虛擬交錯的
生活模式，人在資訊科技邏輯的制約下自然會擬定出一套新的
遊戲規則來。

　　資訊科技發展下對法律也產生了相當大的衝擊，特別是
網路的出現，使得傳統法律的規範與執行在面對網路世界時產
生相當大的不適用，現有的法律條文無法對網路世界進行管
理。一方面是由於網路是一個虛擬的世界，在那個世界裏許多
事物是不能以實體世界的觀念去蠡測的；另一方面也由於網路
是一個無限制且開放的空間，所以無法進行明確的管理，甚至
連管理這個概念在網路時空下都很難被落實。

　　法律通常是一個國家行使公權力的最高依據，同時也是
國家社會維持一定穩定的工具，但是在網路世界裏，時間和空
間的不確定性以及行為主體的不可知性，都使得現實中規定明
確的法律條文，一進到網路世界裏便成為英雄無用武之地了。

但由於網路亦是被當成一個實體空間的延伸來看待，所以對其進行管理與規範的確有其必要性，但如何管理、管理的範圍、管理的基礎何在？又透過怎麼樣的行為手段來進行管理，都是讓立法者頭痛的問題。

網路一向被視為是一個開放的公共空間，具有高度的流動性與模糊性，而且許多網路上的規範認知與現實生活中可能大不相同，所以若以現實世界的規範來對網路空間加以管制，便會造成許多窒礙難行或模稜兩可的行為產生，如傳統法律上認為「人沒有在戲院裏高喊失火的自由」，因為這會造成戲院內部人心浮動而產生混亂的局面，並有可能因此而導致意外，所以在傳統法律上這是一個有罪的行為。但若在網路留言版上張貼個人戲謔之言是否會構成違法？如前一陣子有人因為股票大跌被套牢而心情不好，一時興起在網路上的股市留言討論區中張貼國軍叛變的消息。結果被警調單位以「散播不實消息來源影響股市」的罪名逮捕，這件事在網路上引起正反兩極不同的意見，有人認為這個人的確觸犯法律的散播謠言罪，也有人持相反意見，認為網路本就是一個自由空間，人心情不好、發發牢騷竟然被警察抓了，這簡直是一種「網路恐怖」，是對網路自由的一種侵犯。雙方所言都有道理，但歸結到底，仍是實體空間的管理法律對虛擬空間的適用性問題所致，且現在傳統法律或許還能勉強的、生硬的將它套入網路世界中當成一種規範，但隨著資訊科技的日新月異，現在的法律將更難在未來的網路空間發揮作用。

　　法律的發展其實也是隨著人類歷史發展的過程不斷的進行自我調適的，在不同時代法律也會隨之改變。但不論如何，傳統的法律觀念與條文都是立基在時間的連續性和空間的實存性下，針對不同時空下人的行動所影響的事件，是否構成法律行為上的對或錯而做出修正與補充的，但網路空間卻顛覆了這種思維。在網路世界裏，空間與時間的概念都是流動的，傳統法律對時空觀念的概念完全無法在虛擬空間中找到著力點，在此情況下，人唯有順應著資訊科技時代的來臨，而以一種脫離傳統法律觀念的新觀點來建構網路管制法律，可以預見的是，當網路的虛擬時空愈來愈與真實世界的實體時空交叉混合時，人類的傳統法律將愈來愈受到挑戰，終至解體。當實體空間的法律變形而延伸到虛擬空間時，同樣的也代表了虛擬空間對人類實體空間的入侵。如此一來，資訊科技邏輯對人在構思新法律條文時的宰制作用也愈加明顯了。在資訊科技邏輯的制約下，人類建構出一套屬於資訊時代的法條來，這一套法條所依循的邏輯不再是傳統人類的思考邏輯，而是資訊科技的！

　　資訊科技的發展，造成人類的理性邏輯逐漸被資訊科技邏輯給替代了，人逐漸朝向一種「非人化」的方向發展，而在資訊科技邏輯的宰制下，未來人類會如何發展，更是難以逆料的。資訊科技邏輯自身透過人類行為不斷發展的結果，在未來可能是以一種跳躍式、飛躍式的邏輯思考過程，更加快速的且全面的促進人類的生命發展。職是之故，未來人將面對一個時空觀被打亂、理性被替代、傳統制度被解構的混亂的時代。人

類的方向在哪裏，是否要再按照目前的情形再往下發展？終至全面被資訊科技邏輯「繳械」？是一個值得我們深思的問題。

在資訊科技時代，很多看似以資本主義商業邏輯思考下而形成的「商品化」機制，事實上也擺脫不了資訊科技邏輯的制約，網路生態、電玩帝國、電腦玩家等透過新新人類的喜愛而被「商品化」的一些資訊行為與服務，其實都是資訊科技邏輯運作下所產生的。一般能納入資本主義的商業邏輯去思考的，人類就必然能想出一套運用和管理的規範，但在資訊科技時代，資訊科技的發展與早已遠遠的領先人類所能運用和管制的能力與範圍，人類只能被動的在其後想出適應其發展的規則，而且不斷的在更新。不是人主導資訊科技的發展，而是資訊科技邏輯在發展自身的同時，也同時制約了人對它的運用與管理。而且隨著資訊科技的不斷發展，這種讓人類疲於奔命的不斷調整修正還不知伊於胡底！

資訊時代下的宗教領域也面臨了很大的衝擊與挑戰，甚至有被解構的危機，這種危機不同於以往人類進化歷史上的那種由神學走向科學時，對宗教做出反思與批判的一貫模式。因為那充其量只能動搖宗教在世俗力量對人類世界的影響與作用，無法動搖到在心靈層面上宗教對人類的影響與幫助，但在資訊科技時代，對宗教的心理功能意義與宗教本身的意義都造成很大的衝擊。

資訊時代下，我們或許會認為在這種全面資訊化的浪潮下，面對一切都是如此快速的變遷與轉化，人在愈面向科技的

同時，心理反而愈形空虛，愈容易進入宗教領域求得心靈上的平靜，在現實中難以真正找到一個安身立命的定位與空間的同時，就往宗教裏面去獲得生命的另一種無限可能的延伸性。但這一點本是屬於宗教的特有權力，在資訊空間和網路空間的發展下，愈來愈多的宗教是透過網路、透過電子媒體、電腦系統來提供傳統的宗教功能的。宗教原有的神聖性和獨立性搭配著資訊科技產品的共同出現，難免予人有不協調之感。而當宗教過度依賴資訊科技的同時，宗教本質上的那種對人心靈上的慰藉與包容，和提供一個有別於實體世界的超現實性，也變得「世俗化」與「商品化」了，更難予人興起一種「信仰」的動力，在這種情形下，未來網路極可能取代了宗教超現實與無限可能性的功能，而有了所謂的「網路神格化」的出現。

「網路神格化」簡言之就是一種「網路崇拜」的現象，因為網路提供了一個替代人的生命世界、充滿無限可能性的時空，使人的潛能獲得解放、感情獲得寄託。網路世界中的一切很容易使人聯想到在宗教經典裏，描寫當人進入神的世界時的情景。基本上，一個人進入了網路空間時，他的人（肉體）雖然仍實存在現實空間中，可能所在的只是一個小房間，但心靈狀態卻已經隨著網路而進入另一個時空中，這個空間卻是無窮無盡的。當他沉浸在網路世界時，網路世界所帶給他的便是一種類似宗教氛圍的感覺，那種感覺是一種與世隔絕的、獨自進入另一種世界的感覺；人會產生對那個世界的迷戀、沉迷、甚至崇拜，當人在現實世界受挫或得不到滿足的時候，便會逃到

這個世界來求取心靈上的慰藉，將網路所建構出來的虛擬世界當成是像宗教一樣，是可以作為一個依歸的對象。

資訊科技邏輯本身具有無限可能性和無窮無盡性，這種無限可能性和無窮無盡性的特質，近似我們以往對神或上帝的一個基本崇拜前提。在網路世界中，人所有的潛能皆可以被解放出來，包括感性和理性；讓人在網路世界中可以為所欲為，正如以往神或魔能賦予你的超能力一樣。在這個空間中所呈現的是一種類似「神魔交戰」的環境，人在其中可以獲得能力解放的滿足，可以獲得自我完善的滿足。在這種情境下，一旦要人再回到現實的世界中去進入宗教領域，對他而言又有何意義呢？況且對他而言，在經歷了網路世界的生命無限可能與無限延伸後，現實的宗教又在哪裏呢？

過去的神在人的理念中，皆是以一種跨越生命實體，並且創造出超越生命的無限可能而存在人的設定中的。資訊科技發展下所產生的一種無窮無盡的、跨越相對有限性的無限可能，都將使人重新去質疑「神是什麼」、「宗教是什麼」。當人已經可以透過科技去接觸到傳統無法觸及的「神聖國度」，並且與之在生活上形成一體化，人如何再去向傳統的宗教回歸？當另一種令人可以重新認識、重新接受的宗教模式再度出現時，事實上這時的宗教已經在資訊科技邏輯下被重新建構與運作了。人必須有心理準備，未來的傳統宗教邏輯也將被資訊科技邏輯所替代。

四、網路空間對傳統的顛覆

　　資訊化、全球化時代，透過電腦與網路，人們跨越了生命和生理的局限性，而在電腦與網路的空間裏找到了一個新的空間，這個空間是相對於實體空間的虛擬存在，但它也必須透過實體空間才可能存在。透過網路，不同國家、不同地區的人可以跨越地理疆界的障礙，而在電腦網路中形成一個社群，這個社群擁有與實體空間不同的運作邏輯，它跨越了傳統的國家與主權的規範，甚至實體世界的法律和行為準則也管不到它，但這個虛擬社群也不可能完全棄實體世界的運作邏輯於不顧，因為它仍是依托於其上才成為可能的。由於虛擬社群的經驗與行為可以被落實到具體世界中，所以人可以分別在現實和虛擬之中建構自己的生命歷程而後交互實踐。當人愈來愈習慣且依賴在這種虛擬與現實中的存在經驗，對傳統理性思維邏輯的解構，便只是遲早的事。

　　網路也顛覆與改變了傳統哲學上對本體論和人論的論述，傳統的本體論是立基於單一存在的世界和本體，以及對時空的不可逆轉性所建立起來的。隨著電腦世界與網路世界的出現，虛擬與現實之間的區隔難辨，時間與空間之間的定位模糊，都使得傳統的一元本體論受到挑戰，多元本體論的說法漸漸為人所接受，但或許當資訊科技再往下發展，現階段難以分

辨的虛擬與實體又逐漸被轉化、消融而被包容在另一種更高層面的整體性中，另一種「現實」或「實體」的概念出現，單一的宇宙論和本體論又會恢復過來，但這種論述的內涵已不是以往以人論為出發點的論述了。傳統的人論是以人作為一個主體，以人具有生命實踐的能力為基礎的。但在資訊科技高度發展下，人的主體性逐漸臣服在科技邏輯之下，人被物化和異化的情形愈形嚴重，人不再是作為自己的主體存在，而是順著資訊科技邏輯的運作而被作為資訊科技發展的客體存在，而這也改變了人傳統以自我為主體去做邏輯思考的模式。

電腦世界與網路世界為人們提供了一個不同於現實的跑道，在現實中人與人的接觸是一種全面性的：身體、心靈與生活歷程和生命所處的架構，但在網路空間裏的接觸，是透過語言和符號所組成的一種自我表達與呈現，它所表現出來的是兩顆心如何在虛擬時空中的交會與契合，這是一種與現實時空大相逕庭的接觸經驗。這種接觸是去身體式的、是一種不需透過客觀環境條件來呈現自己，而全然由符號與語言來自我表現，是一種會意式、心靈式的互動。而這種自我建構的行為可以不斷重演，人可以在網路上以匿名的方式建構出各種不同的身分，並且藉由文字和符號讓別人來認識你。真正的我在網路世界裏被隱藏在另一個我之下，但另一個或另一群我才是真正表現自我不受客體環境拘束的生命原形，特別是人可以越過身體、時空等客觀有形的限制時，更可以隨心所欲地任自己朝向多元的生命建構與發展。在實體世界中受限於客體環境而無法

展現的自我，在這種自我建構中獲得理想中生命實踐的喜悅。這種網路生態下所發展出來的自我建構和對自我及他人身分的認同觀念邏輯，也會與傳統的自我與認同邏輯大不相同[3]。

　　人與人之間的溝通與互動模式，是靠種種的語言與符號在彼此互相溝通、瞭解和認可之下所建立起來的，傳統的溝通和互動模式是透過實體世界來建構的。而電腦世界和網路世界的溝通模式則與傳統不同；它改變了環繞溝通過程的心理學、社會學和語言學，它既不是純粹的對話也不是單純的書寫，更重要的是它與傳統溝通情境條件全然不同，傳統的溝通情境所重視的面對面、具體的接觸在網路世界中是不存在的，溝通者是處在身心分離的狀態下，以特殊的語法和句法、符號建構起來一套網路上的溝通體系。「觀其行、聽其言、察其所安」這種共時性雙向溝通情境在網路溝通中是辦不到的，網路溝通者勢必要發展出一套有別於傳統的語言與符號邏輯，才能為網路上的電子身體、電子空間、電子環境加上人性化的色彩，而這一套邏輯，自然也是與傳統迥然不同的。

　　網路空間和電腦空間是一個沒有物理界限的空間，進入網路世界和電腦世界，其實便是透過一個電子介面，進入了另一個有別於現實中被制約的自己，而擁有自己向度和規則的相對獨立的世界。在這個世界中的一切作為都是與肉體相分離的，最重要的是意識。現實生活中意識受限於肉體和客體世界

---

[3] 李英明，《網路社會學》，台北：揚智，民 89 年。

的種種物理條件制約,但網路世界中則全然是一個意識為主的空間,肉體和客觀環境的作用與限制在這裏一概被取消。在這個非物理和非線性的虛擬空間裏,人只要透過鍵盤和滑鼠便可以實現意識作用下所希冀的一切可能。而在網路世界運行的邏輯下中,誰擁有較好的電腦操作能力與較佳的文字使用技巧,誰便有可能可以獲得較高的地位與聲望,甚至在網路的虛擬環境中擁有主導權,這一點很容易由網路上的 BBS 討論區或文章發表區看出來,像是一般人談之色變的駭客(hacker),便是由於其對電腦的操控能力與破壞能力,而使得一般人對其雖討厭卻也同時敬畏。而且由此邏輯發展下去,未來一個人要在實體世界擁有較高的聲望或地位,透過對網路的操控將是一條重要的捷徑,雖然對網路的主導權並不必然代表可以落實到現實中,但卻也不乏是一條可行之道。所以,對意識運作邏輯和對能力的認定定義自然與傳統大異其趣。

在資訊化、全球化的時代,電腦和網路提供了人類生命中的無限可能,資訊時代的來臨也改變了傳統對生產資料的看法,知識經濟的時代已經來臨,傳統的生產資料和生產工具已經被知識所取代。所以,傳統人類的經濟觀與社會價值也受到了改變,對商品的生產和消費的內容也不同於往日,資本主義商品化邏輯的運行機制已經被資訊科技邏輯所入侵,資訊科技邏輯並進而成為主導者。資本主義商品運行機制藉著資訊科技而達到資訊化與全球化;資訊科技則透過資本主義的運行機制而成為人類生活中的全部,並將資本主義運行機制也納入其運

作邏輯下，兩者在現階段呈現一種共謀共生的辯證關係，但未來，資訊科技邏輯必將取代資本主義邏輯而全面宰制人類的生活。

　　資訊科技便是如此的透過各種各樣的管道和方式，向人類的生活進行全面的入侵，當你以為自己仍然是自我的理性思維主宰時，事實上可能已經被資訊科技邏輯給制約甚至是替換、取代了，資訊科技邏輯和傳統邏輯具有很大的不同，而且它是在不知不覺中取代了傳統邏輯而成為人類的思考邏輯的，人類在這個過程可能仍不自覺。它對人類傳統最徹底的入侵與取代，或許便是表現在有一天，人類將不會再去思考「人是什麼」這類的問題吧！所以，這的確是一個值得我們認真去面對、思索來找出一條出路的問題。

第三章
資訊時代下對資本主義邏輯
的批判與反思——
從西方馬克思主義的觀點談起

幸福範疇使唯物主義的積極內涵顯而易見，歷史唯物主
義起初是以對盛行於資產階級社會中的唯物主義加以譴
責而出現，而就此而言，唯物主義的原則是一個批判性
的工具，是用來拆穿一個使人們被物質生產的盲目機制
所奴役之社會的西洋鏡。

馬庫色——《理性與革命》[1]

　　人類歷史的發展過程，是由原始的農業社會逐漸發展起
來的，而蒸氣機的發明正式宣告人類進入了工業時代，工業主
義時代的來臨帶動了資本主義的興起。資本主義全球化擴張的
結果，造成人類近代以來的歷史總是按照著資本主義的邏輯在
發展，資本主義下的工具理性和價值理性全面主宰了人類的思
維模式，也造成了資本主義邏輯對人類生活的宰制。所以，啟
蒙以來的歷史發展邏輯，其實便可視為資本主義邏輯的發展。

　　馬克思主義在某種意義上可謂是針對西方啟蒙傳統作對
話／批判的一種思潮，是針對啟蒙所創造的一種「現代性」的
反思。當然古典馬克思主義與後來的西方馬克思主義對現代性
的反省態度不同，但這種態度同樣衝擊了西方由十九世紀到二
十世紀的政治、經濟和社會思潮。馬克思主義對現代性的批判
與反思，可以作為由現代主義往後現代主義發展的一個橋樑。

---

[1] Marcuse, H., *Reason and Revolution*, New York: Oxford University Press, 1941, p.284.

古典馬克思主義的批判帶有濃厚的時代意義與革命實踐精
神，與現代資本主義的發展未免有不盡相符之處，所以真正對
現代資本主義進行嚴厲的批判理論建構者，當推西方馬克斯主
義者，而其中又以法蘭克福學派為典型代表。針對資本主義下
人的處境與迷失做出深刻的反省與批判。

一、現代社會的形成與「現代性」

　　在傳統思維下，一般對社會形成的觀點有下列兩種：

　　第一種觀點是西方啟蒙所建立出來的社會觀，是一種原
子式或單子式的社會觀（atomic view of society），將社會看
成是許多個人的集合體，屬於古典自由主義者、功利主義者、
實證主義者掌握和分析世界的看法，從微觀的角度去看待社
會。這種看法著重在人的行為對社會的影響，人是在自然規律
或自然法則的制約下行動或行為，此行動與行為決定了社會發
展的內容與屬性。換言之，是以個人主義（individualism）的
角度看待社會與個人的關係，是一種個體論式的論述方式。

　　第二種觀點是一種有機的社會觀（organic view of
society），以浪漫主義者為主，包括馬克思（Karl Marx）、
黑格爾（G. W. F. Hegel）在內。強調必須通過社會來理解個
人，個人必須在社會中才能體現其生存或存在，社會與個人之
間形成一種互賴互動的關係。這是以整體論（holism）的角度

看待社會與個人關係。

　　啟蒙以來在認識論、本體論、方法論上，始終存在兩個主流觀點的爭論，即客觀主義（objectivism）與主觀主義（subjectivism）。客觀主義在本體論上承認在個人主體之外，有一既予、既定的客觀實體世界的存在；在認識論上，認為人可以獲得外在世界客觀知識；在方法論上，認為人可以按照客觀、重複的途徑或方法去獲得掌握外在世界的知識。主觀主義與其相反，在本體論上認為外在世界僅是人生活實踐或意義建構下的產物，因此不承認在人之外有一獨立世界的存在；認為外在世界是依托著人的生活與生命而形成的世界，因著人的實踐、意志、意義建構而轉變著；在認識論上，理解外在世界其實是與我們世界的一種意義對話或意義建構，是一種人類與其生活世界所做的對話與溝通；在方法論上，則不承認人可以通過客觀或重複操作的途徑去獲得外在世界的知識。

　　馬克思即企圖跨越客體主義與主體主義的爭論來找出有別於二者、甚至是融合二者的另一種觀點。他是個客觀主義者，也是一個唯物論者，但是他認為世界之所以客觀，是因為人的生活實踐所促成的，客觀世界是因為人的生活實踐建構出來的，而非既予、既定或命定的，可以說，馬克思是企圖結合這兩者的觀點而走出超越兩者的第三條路。

　　另一個我們所要探討的命題則是「現代性」（modernity）。啟蒙以來，現代性的概念與西方發展的歷史一直是緊密結合在一起的，從十八世紀以來，整個西方政治

學、社會學、哲學、經濟學都籠罩在一股現代性的思維下,現
代性的後設基礎為何?現代性的內容為何?都是值得我們探
究的話題。

　　社會學對現代性的理解是扣緊現代化(modernization)這
個概念而談的,現化性是伴隨著現代社會出現,將現代社會與
傳統社會以對比的角度來做出比較,我們可以發現:傳統社會
的界定是人口很少、同質性很高,這樣的社會缺乏結構功能的
分工與分化,沒有市場經濟的存在,是由傳統、宗教或風俗習
慣扮演一個宰制性的角色。現代社會與其相較的不同點在於人
口很多、異質性很高,社會結構高度的分工,具備市場經濟的
存在,科學與技術取代了傳統、宗教或習俗。所謂現代化即從
傳統社會往現代社會轉換的過程。

二、盧卡奇的批判:資本主義邏輯下人的物化與主體的復歸

　　西方馬克思主義學者盧卡奇(Lukács)在其著作《歷史
與階級意識》(*History and Class Consciousness*)中有兩篇有
名的論文[2]。一篇為〈何謂正統馬克思主義〉,此文章對古典

---

[2] Lukács, Georg, *History and Class Consciousness*, trans. by Rodney
Livingstone, Cambridge: MIT, 1971.

馬克思主義做了反思與批判,宣告研究馬克思主義須從古典馬克思主義出發;另一篇為〈物化〉(reification),把傳統或古典馬克思主義著重由下層建築的經濟分析,來關心人的存在、存有的生命處境,導至對上層建築的文化和意識形態的分析。

盧卡奇在〈物化〉這一章,首先把韋伯(Max Weber)的「理性化」概念(rationalization)與馬克思的「商品拜物教」(Fetishism of Commodity)論述結合起來,讓兩者進行對話。其次,對工業化之後企業形成的福特主義(Fordism)或泰勒主義(Taylorism)進行批判。為後福特主義(Post-Fordism)開拓出一個思考方向。再其次,對啟蒙以來單子論式的社會觀作做出嚴厲的批判,企圖通過辯證法為基礎,從整體性(totality)的範疇下,來釐清人與社會、個人與集體的關係,重建有機體的社會觀念。之後,則對目的論式的、科學主義式的史觀進行批判與反思,對啟蒙以來在論述歷史時將歷史的發展視為一客觀規律所制約,此一客觀規律可以為人所發現,發現此一規律即可對預測未來歷史的發展之看法表示不同意見。最後,他也反對從牛頓物理角度去理解人,認為人不能像事物一樣可以透過客觀、科學、實證的方法分析預測並進而掌握人的行動與行為。

啟蒙以來,對現代性的看法,一般有下列幾種:一是支持認同現代性者,可以聖西門(Count Henri de Saint-Smen)、孔德(Auguste Comte)、派深思(Parsons)等社會實證論者

為代表。二是反現代性者，這一派人的代表人物通常是浪漫主義或改革者，如 Tonnies、狄爾泰（Wilhelm Dilthey）等人。三是一種處於矛盾且具雙重性態度者，可以以馬克思和韋伯為代表。一方面願意接受啟蒙所創造出的物質文明，另一方面又要反思啟蒙所造成的辯證悲劇，特別是對工具理性或策略理性膨脹所造成的悲劇的反思。盧卡奇作為一個反啟蒙的代表性人物，延續了馬克思與韋伯的批判理念與精神，但是在思想態度上比這二人更為負面，更往一種反現代性的方向上傾斜與發展。

盧卡奇對啟蒙的批判充分表現在其著作《歷史與階級意識》這一本書中，書中有數篇文章都能體現盧卡奇內心深處的思想。盧卡奇在〈正統的馬克思主義〉這篇文章中對古典馬克思主義作出反思與批判，他認為古典馬克思主義雖然號稱是繼承馬克思精神的正統馬克思主義，但卻是對真正馬克思主義做出了背叛、扭曲與反動，將馬克思主義實證主義化、科學主義化，在本體論、知識論、方法論上往客觀主體方向扭曲，扼殺了整個馬克思主義。盧卡奇認為，若要讓真正的馬克思主義重新復甦的話，就必須將其方向進行扭轉，通過以辯證法為基礎，往主觀主義方向發展，才不致於掉落唯心論的陷阱之中。即必須往辯證的主體主義方向發展，以整體性的角度去談人與外在世界的關係。

古典馬克思主義忽略掉馬克思主義本身存在的二元結構觀，基本上此二元結構包括兩個部分，即以馬克思的本體論、

知識論、方法論為基礎的核心價值觀，以及在此基礎下對特定時空的外圍論述。盧卡奇認為古典馬克思主義無法因應客觀情境的時空變化，錯誤的將馬克思理論當做放諸四海皆準的教條來看，可稱之為教條式的馬克思主義，無法重新評估或重新定位馬克思主義的時代意義。盧卡奇此種論述其實是在批判列寧主義和蘇聯共產黨，將馬克思主義轉變成一套政治意識形態來遵守的錯誤。雖然在列寧主義形成的過程中曾與教條主義做過鬥爭，但當列寧主義的主宰地位一被確立，也就不由自主的掉入教條主義的錯誤中，第二國際和第三國際的作為即是往教條主義發展的明證。因此，馬克思主義必須從教條主義的束縛中解放出來，才能真正恢復其活力。

要提到這種僵化／教條化思想的出現，就不能不提及福特主義和泰勒主義結合所產生的「生產力中心」的社會史觀。從福特主義到後福特主義的社會發展觀，是從十八、九世紀聖西門等人以來開始確立的，這種以科技主義或技術主義的發展觀，成為所謂的社會實證主義的發展觀。將傳統社會與現代社會做出截然二分，在這種二分法的定義下，傳統社會如果想要追求發展，只有端賴技術或科技的進步才有可能。這種論述跨越了西方的界限往外擴散，形成一種全球化的擴散，並且以西方為中心取向來看待落後地區社會發展，認為落後地區必然會經歷西方國家一般由傳統社會向現代社會轉折的過程。此乃以西方國家的發展做為模本或典範，認為落後地區必定循過去西方的發展途徑，論述非西方國家發展的必然性。這種論述是一

種目的論式的史觀，這種以技術為基礎的目的論式的史觀，與社會達爾文主義的想法緊密結合在一起，為西方國家帝國主義的行徑做出合理化的辯護。

西方國家已進入現代社會，遠比落後地區擁有相對的優越性，所以西方國家便會將自己對非西方國家的政治、經濟、文化勢力的擴張與宰制視為合理和必然的，這影響了西方國家與非西方國家間的互動格局，進一步形成了以生產力為中心的社會發展觀。所謂的「生產力中心發展史觀」，認為伴隨著技術進步而來的生產力的提升，解決了社會匱乏情形，同時也促進了社會的和諧，生產力的發展形成了社會發展的必要條件。因此，生產力發展是透過技術主義做為基礎。這一點反應在整個企業經營與經營管理上的福特主義或泰勒主義。

我們稍微描述一下福特主義與泰勒主義的特點，所謂福特主義具有下列三個特徵：

(1)以生產力中心主義或技術中心主義做為基礎，將如何快速有效的提升生產力，獲得最大的產量視為最重要的標的。強調大量生產觀念，以量為主，將對質的要求從屬於量的成長，即重視產生規模經濟的必要性。

(2)強調以標準化的機械化生產一貫作業的必要性。

(3)在企業內部建立嚴格制度化的分工體系。特別是在縱切面上強調嚴格的由上至下、垂直性且具有菁英主義色彩基礎的分工體系。

　　泰勒主義則是反應在以菁英主義分工為主的企業管理體系上，建立智力與體力工作者兩者的分工體系。強調智力工作者在知識上與道德上比體力工作者擁有更多的優越性，所以賦予智力工作者在整個企業管理上的權力與權威，智力工作者與體力工作者是一種上下從屬的關係。

　　由於福特主義和泰勒主義具有很大程度的相容性與互補性，所以在生產力中心的發展史觀裏，泰勒主義與福特主義接軌而結合在一起，形成了社會的向上動力。

　　福特主義與泰勒主義的結合，進一步衝擊了整個社會學與政治學的論述，形成了社會福特主義與社會泰勒主義的觀念。將社會視為如一個大工廠或大企業般，社會如何管理與經營產出最高的生產力，即成為最重要的一件事。這也形成了體力勞動者從屬於智力勞動者的合理化基礎。法蘭克福學派〔特別是哈伯瑪斯（ J. Habermas ）所批判的技術官僚主義（Technocracy）〕，即是在批評社會福特主義或社會泰勒主義的主張。

　　而在〈物化〉這一章節的論述中，盧卡奇談到伴隨資本主義的發展，社會對人產生一種客觀化與客體化的作用，人類生命的主體性被抽離，人被當作一個客觀實體、客觀對象來看待。簡言之，即當成像物品一般來看待。因此要論述如何找回人的主體性，也即是如何讓主體性向人復歸，是盧卡奇關切的焦點。

　　在這裏，盧卡奇將韋伯的理性化論述與馬克思的商品拜

物教概念結合在一起。原始馬克思主義認為伴隨著資本主義發展，人的存有處境會產生改變，即社會屬性的改變，這種改變也象徵著人被當成物品、商品，人脫離自身的價值而被商品化了。韋伯則是著重透過人類理性化的過程去分析伴隨資本主義的發展，人類在制度上的變化與發展，即一種合理化或理性化的發展。這種去除神秘化、去除宗教、去除慣性對生活的宰制被視為是一種進步的、理性化的、除魅化的發展。這種發展是一種辯證的悲劇，使得工具理性與策略理性全面宰制了人類的生活，人被客觀化和理性化的結果，反映出來的是人被策略理性化或工具理性化。人類的生活邏輯往工具理性與策略理性的方法發展。人與社會化的物化過程是在理性化的名號、意義、形式的主導下進行的。

　　盧卡奇告訴我們，在資本主義運作之下，人的生命與資本主義社會中產品的生產、交換、流通、消費、再生產整個循環過程緊密的結合在一起，人為了活在資本主義社會之中，必須要找尋工作機會，必須將自己的勞力當作商品出賣，將自己的勞力進行量化出賣，才能進入整個資本主義社會的勞動力市場與生產交換體系之中。人必須儘量凸顯自己的交換價值，也必須要儘可能的利用掌握別人的交換價值，在資本主義的社會中，人在與別人的互動中，看的是彼此間可供利用的價值，人與人彼此之間相對將對方物化，以可交換的價值進行互動。這是由於人在進行勞動生產體系之中，必須依附在以機器生產為主體的生產結構之中，所以在此結構下，勞動者的勞動生產是

以機器為主的生產邏輯進行生產，人成為機器的附屬環節，產生人與機器間主客體逆轉的現象，也使人將這種客體化的現象視為正常。

在這種生產模式下，機器邏輯取代人的邏輯，主導人的勞動生產，人被要求按照一貫作業程序中，各自獨立的不同部門的邏輯與規則來從事生產，在勞動生產過程中，人的生產被壓縮、化約在一貫作業程序中孤立部門的邏輯原則下。人的整體勞動生產潛力、能力被化約與割裂，人的勞動生產是抽象的，不具有人的主體性，在此勞動生產過程中，人透過雙重的物化（雙重自我否定）把自己／他人當成物／商品來看。換句話說，人經過雙重的客觀化與客體化來進入勞動生產過程中，人豐富的潛力整個被剝奪掉了。人的勞動生產被要求當作一種量化、機械化的一種生產，量化與機械化的法則主導並影響了人的勞動生產，韋伯的理性化在此展現為量化與機械化的操作，被宣稱為一種合理化或理性化的表現。意味著人的勞動生產，被當作一種工具理性或策略理性的原則進行操作，人在勞動生產的過程中失去了自己！

盧卡奇認為人若要從工具理性、形式理性的牢籠解脫出來，必須要進行再主體化。所謂再主體化即人的存在以整體性的原則來操作，不要再按照化約或單向化的方式，來認知整個周遭世界和生命的存在；不再按照單向式的操作，處理人與周遭世界的關係。人的解放與再主體化是一種人向作為真正完整的人本身復歸的過程，主體重新被找回來，讓人重新作為自己

的主體，不再成為物化或客觀化制約下的被動力量的存在。在
這個層次，人不僅要作為自己的主體，還要作為歷史的主體，
不再將歷史發展當作客觀的過程，而是可以因人的實踐而產生
改變的一個實踐場域，人是具備主體能動性的自我主體。人的
解放要按照總體性的原則操作，人不要按照物化或客體化的化
約或單向化的方式，去認識周遭世界或操作周遭世界與人的互
動，人不再把外在的周遭世界當作是客觀法則或客觀規律運作
的抽象世界，而是跟人息息相關的、是實踐生命的場所，是人
自我實踐的世界。世界不再是冷冰冰獨立於人的外在世界，而
是人實踐生命的場域，人不再是一種抽象原子式的存在，不再
是外在客觀條件制約下被動的存在，或是客觀行為法則制約下
規律性的存在，人本身是歷史的存有，外在世界本身也是一種
歷史現象，人與外在世界間可以透過歷史為中介，形成總體性
的互動關係。任何事物或事件會擁有時空交錯網絡下的歷史定
位，事物或事件間會透過這個歷史網絡形成一種總體性關係，
事物與事件呈現在人面前的，不是一種抽象的方式，而是背後
有一時空交錯的載體存在，以這個載體呈現在人的面前。人在
面對事物或事件時是透過這個網絡作為中介，形成一種總體性
的互動關係。整個外在世界是時空交錯下的網絡，人僅是這個
世界的環節，人與外在世界的互動，必須依賴此一網絡，這是
一種總體性關係，也是人與世界、人與社會、人與歷史共同依
存於時空環境下的辯證互動所產生的網絡。

　　整個資本主義世界物化與客體化發展，是透過上層建築

中的意識形態操作來呈現的,以此來控制人的思想和消解人的批判性,而人必須要具有對總體性的認知與渴求,並將之反應在具體的事件或政治、經濟、社會行為的操作上,即是去掌握取得資本主義社會上層建築的意識形態主導權,打破資本主義上層建築機制的操作,否則此機制會不斷的在將人物化與客體化的同時,將這種被物化和客體化的行為/過程,當作天經地義、不可改變、理所當然的存在。所以,人必須重新思索與資本主義之間的關係,打破人對資本主義的順從,重新看待資本主義運行邏輯對人的影響與制約。

資本主義的意識形態取消人的批判能力,而有甚者,使人甘之如飴,這是一種可怕的現象,然而這也是人的一種自虐現象。資本主義機制之所以能夠操作成功,也是因為人願意將自己投入這個工具理性的牢籠之中;意識形態的操作之所以可以成功,是因為其是順勢而為,而非逆勢操作。所以盧卡奇認為,要達到人再主體化的要求,必須按照辯證法的原則去操作,擺脫物化和客體化單向化的制約,然後讓人這個主體通過實踐來重新開展生命與生活,人的生命即是一種不斷辯證發展的過程。人要肯定自己是生命的主體,在再主體化的過程中透過人的實踐,取消主客體的區隔,讓主客體成為一種辯證的統一關係。人要從客體化掙脫,其在人論或歷史觀、本體論必須要產生辯證的轉折。歷史不是客觀的實體,歷史即是人的生命實踐的場域,歷史本身與人的存有間也是一種辯證的統一關係。人從物化或客體化的牢籠中解放出來,也代表人類將會讓

社會或歷史獲得解放，這是三位一體的共生關係。其關鍵在於人有著辯證的認知／渴求或總體性的認知／渴求。所以，人的解放即是社會、歷史的解放，人的解放是辯證法的實踐、總體性原則的實踐，人與總體性關係／辯證思想的結合，使人得以重新成為人來認識自己的生活及生命。

三、馬庫色的批判：商品／文藝與人的主體性

　　另一位對資本主義批判做出貢獻的是法蘭克福學派的馬庫色（H. Marcuse），馬庫色在對文藝與美學理論上的貢獻，比他在政治學與社會學上的理論來得受人重視，同時開啟了後現代論述的先端。相信不會有人反對，馬庫色的美學和文藝理論，對從現代主義往後現代主義過渡的歷程中，扮演著一個相當重要的角色。

　　作為一個馬克思主義者，馬庫色認為西方所處的社會是高度發達的資本主義社會，此與當時馬克思所處的情境（古典資本主義社會）是不同的。他認為原始馬克思所界定的古典意義的無產階級已經消失，取而代之的是廣義的工人階級，成為高度發達資本主義社會的階級與主體力量，而這一主軸，與原始馬克思在分析資本主義社會時，是奠基在因為資本主義社會的機制提供了資產階級對無產階級進行結構性剩餘價值的剝

削，使得無產階級絕對貧困化這樣的命題之上是截然不同的
[3]。馬庫色的這種觀點其實是許多後馬克思主義學者的見解，
由於後馬克思主義者均立足於高度發達資本主義的社會，故皆
希望能以重建馬克思的歷史唯物論來作為新的理論依據。

馬庫色認為，馬克思時代所認為的無產階級革命力量已
經無法存在，由於資本主義商品邏輯的全面宰制機制，由工人
所組成的無產階級已經無法去承擔社會主義革命的歷史責
任。我們在此無意詳述馬庫色如何對馬克思的階級理論和革命
理論做出重建，我們著重在他分析資本主義商品化的過程中，
所做出對資本主義商品邏輯如何對人類的宰制。

馬庫色以原始馬克思的主要論述指出資本主義是一個商
品化社會，主導社會發展的是商品拜物教機制，此機制在高度
發達資本主義社會更加鮮明。在此制約下，人人均成為商品拜
物教的信徒，商品意識成為人的主要意識，而且幾乎是唯一的
內容。對商品的崇拜成為高度發達資本主義社會人的唯一共
識，商品的價值取代了所有的價值，商品交換機制取代了人與
人間互動的機制，在此結構下，商品成為決定人的生命與生活
的唯一的力量，人的一生也就是商品流轉的一生，商品像走馬
燈一樣的流轉並決定了人一生的內容，人的價值被商品的價值
所取代，人的生命意義也隨著商品的價值被加以定義。人更加
的物化與商品化，從而了否定自己生活在人的社會裏，認為社

[3] Marcuse, H., *Counterrevolution and Revolt*, Boston: Beacon, 1972, pp. 3-14; Marcuse, H., *One Dimensional Man,* Boston: Beacon, 1964, p.8.

會也僅是商品的生產、流通、消費的領域。換言之，人被當作是商品的化身，被賦予做為商品的用途而形成生命的意義。

　　我們不禁要問，此機制是如何操作的呢？馬庫色告訴我們，是透過「高生產」與「高消費」這種過程為中介而成為可能的，這個過程包括了生產、流通、消費、再生產、再流通、再消費的不斷循環。通過此界面來看，消費主義與商品意識就像是一對孿生兄弟，成為人與人之間唯一的共識，消費主義成為主宰高度發達資本主義一種絕對的意識形態。消費主義除了以商品拜物教為載體外，還需要不斷的創造人們的「虛假需求」，做為維繫鞏固消費主義的動力。

　　企業主或生產者生產出某種產品後，即通過鋪天蓋地的廣告宣傳、傳播手法來告訴人們：「你是需要這些產品的！」通過不斷的塑造與催眠，人們逐漸在意識上形成一種「認知需要」，認為這種需要是迫在眉睫且不可或缺的，這便是一種「虛假需求」。透過假需求的不斷創造，實現高生產與高消費的目標。通過這些假需求的操作，人們輾轉在此過程中就度過了一生。每個人的人生成為千篇一律，均是被商品所決定。我們由現在流行的手機文化便可見一斑，被消費商品的內容與對象不斷變換，而人就被宰制在這種商品流轉的機制裏。

　　馬庫色認為資本主義造成一個一體化的社會，將人的個體性取消，同時也取消人作為獨立個體的基礎與價值。人的慾望與需求乃至人的理性皆成為被計畫、被操控、被宰制。人的勞動與生活也因此被宰制、被操控在商品化所形成的虛假需求

的機制下。人在高生產、高消費的同時,透過虛假需求而與人真正的需求、慾望相分離了,這是一種人的生命異化,但人卻安然自處於這種被宰制、被操控的機制下。人的自覺意識、批判反思的能力被取消了,將這一切視為是正常的、普遍的且自然的,這是人類最大的悲劇。馬庫色也因此認為在此狀態下的工人皆已經被納編入資本主義商品機制的運作邏輯之下,他們所關心的只是如何去使自己占有更佳的支配與宰制位置,對革命已全然失去熱誠,所以革命是無法靠這一群工人來發動的。

馬庫色除了分析資本主義商品化機制的發展外,最有名的便是他的美學理論了,他的美學理論是針對當時的客觀主義所做的批判,目的是要藉由文藝創造與欣賞的過程來恢復人的主體性,恢復人在資本主義文化工業邏輯下所失去反省與批判的能力。

一般對文藝美學理論的建構基礎主要分為「主體主義」和「客體主義」兩大觀點。在客體主義下又分為「自然主義」和「現實主義」兩大派別。自然主義認為文藝美術應該是忠實的反應實體世界的翻版,所以又稱為「擬仿主義」,而現實主義則是強調通過主體的作用來呈現客體,而不見得要分毫不差的表現出客觀世界的一絲一毫,較為重視主體的地位。這兩個主義總體而言,都是以客體主義作為作用基礎的。主體主義的著重面則與客體主義相反,可分為「現代主義」和「抽象主義」兩大派別,「現代主義」認為文學藝術之所以可能存在,主要是通過客體世界來呈現主體世界,客體世界只是主體世界表現

作用的槓桿。「抽象主義」則認為文藝是主體世界運作下的產物，在最極端的創作下，甚至可以完全去除客體因素，而以線條、光線、明暗、意識流來勾畫與呈現文藝作品。換言之，客體主義發展到極致，是一種主體化的去除；反之，主體主義發展到極致，便是客體化被消失的時候。

我們以奉行古典馬克思主義的前蘇聯的例子來看：在當時的共產第二、第三國際和列寧主義（Leninism）所走的是客體主義下的現實主義路線，把文藝視為是為政治服務的，作用是反應政治社會的現實。社會主義的現實主義美學路線，強調文藝為上層建築的一部分，其表現深受經濟基礎的影響，文藝反映出社會經濟，強調文藝創作的階級屬性，認為一個文藝作品的良窳取決於是否反映出革命上層階級的利益，若其能表現出階級利益則為好的，否則便是壞的；換言之，是以政治價值和政治標準取代了文藝創作本身的價值和標準，文藝的價值從屬在政治意涵之下，文藝作品的好壞取決於其是否為政治服務！

馬庫色強烈的批判這一點，他用一種辯證的主體主義的角度來做批判的工具。他認為，文藝創作重心不在內容的陳述，而是由於其特殊的美學形式辯證轉化其所表現的內容。任何文藝創作和現實間一定會有一種疏離，利用這種疏離將自己與現實隔開，並且在隔離現實的同時也跨越了現實的意涵。所以，文藝創作絕非是現實的客觀反應，它具有導引批判現實的作用；文藝雖然是上層建築的一部分，但它和其他上層建築比

起來，擁有更多相對於經濟基礎制約的自主性。即文藝誠然會受到工具、材料、技巧、技術水平等的制約，但其一定會透過自身特殊的美學形式表現出來，突破現實的藩籬。這是由人的生命主體性所創作表現的，而非可全然由客觀環境限制住的。

馬庫色認為客體世界能占有或操控創作主體的這種觀點，是站在一種取消創作主體的前提下去談文藝創作，這是一種主體真空論、主體消失論的看法，主體創作通過被客體化的過程而被物化了，使得主體被取消或否定了自己的存在，這在文藝創作來說是一種十分荒謬的看法。他進一步的指出，任何文藝創作都是在批判、超越與反思現實的，使人通過文藝來引導具體的生命實踐，並且藉由對現實的批判、超越與反省，重新占有現實或改造現實，使現實重新成為人生命實踐的場所。文藝創作同時也是一種生命創作的歷程，具有一種公共財的角色，會引導其他人去批判反思現實，在此過程中作者的思想進入其他人的生命，使其他人認知到作者所要表達的意念；文藝創作者與其他人通過文藝創作為載體而結合，共同投入批判反思並具體實踐生命歷程，兩者形成統一並具體形成一股社會力量。所以，文藝是一種集體的實踐或集體社會力量的中介或泉源。文藝創作絕非是單純的反應現實的，其應該是具有一種更加超越的批判與反思的系統。

所以在馬庫色的看法裏，文藝和美學形式是一種超越現實的反思與批判，是一種人類內心世界的體現，而人內心世界的複雜性與矛盾性，遠遠超出階級的複雜性，所以美學和文藝

也是超脫階級結構的制約，而與階級分化是無關的。人自己都
無法通過清楚的語系或符號來理解文藝和美學，很多時候都是
只能意會而不能言傳的，更遑論是以階級分化的角度來理解人
的內心世界了。所以，總的來說，文藝和美學形式，是具有爆
破、顛覆或解構階級結構的特性的。文藝與政治雖然同屬於上
層建築的一環，且文藝和政治間不可免的有相互制約的關係，
但文藝仍有其相對的自主性與獨立性，文藝創作絕非只是在政
治上階級體現的一種工具。文藝創作本身在批判與超越現實的
同時，便已經帶有一種進步的意涵，所以文藝創作的進步、良
窳與否與階級意識間不存在著必然的關係，文藝創作絕非是從
屬於階級政治之下的。

　　馬庫色進一步強調，文藝之所以可能的後設基礎是來自
於人性，是一種人性不斷自我否定、挑戰、辯證、揚棄昇華的
過程。在文藝創作中，人性的意義藉由創作者表現出來，使得
欣賞者接受啟蒙與反思，在創作者與欣賞者通過以文藝創作為
載體而結合在一起的過程，人性也不斷地揚棄、昇華與進步。
文藝本身的表現是一種進步的過程，代表的是一種解放的實
踐。當它與某個階級扣緊或相連時，是因為其背後所蘊涵的人
性，而非來自階級屬性。

　　在進行文藝欣賞的同時，對欣賞者本身而言也是一種生
命實踐的過程，文藝創作本身並非只是單純的提供欣賞，它具
有相對的啟蒙效果，通過文藝作品，欣賞者看到一個被超越的
現實，而對生命有了另一種直觀式的思維，這種思維使得欣賞

者與創作者的生命實踐交融在一起,兩者形成一種辯證關係。所以,客體主義的文藝觀點根本是一種不懂真正文藝美學為何物的說法,是一種文藝的終結,讓客體占有主體、取代主體,進而取消並宰制主體;在主體被客體化、物化的同時,文藝創作也被當成商品化來看待,當成是一種產業。文藝創作被要求符合市場機制,符合資本主義社會操作邏輯下的高生產、高消費機制;要能趕得上流行並且迎合流行,文藝創作被全面的庸俗化,只為了滿足整個企業家所創造出來的人們對「假需求」的要求。「文藝創作」被當成「文藝生產」,並在資本主義生產消費邏輯的運作下成為了一種「文化工業」。文藝創作的意義消失殆盡,文藝創作成為一種機械式的生產與消費過程,這是一種十分可悲的現象。也可說是文藝創作的死亡!唯有使文藝創作向主體回歸,使創作者不再受制於客體而展現自我的主體,使文藝創作成為主體內心世界的展現,是一種新的創造、新的構思、新的批判與反思;創造新的現實與新的生命圖景,這種由主體表現出來對客體的超越與革命,才是真正的文藝創作的意義與精髓所在。

馬庫色對文藝創作賦予一種超現實的意義,是一種主體透過文藝創作所展現的無限可能。文藝創作超越了現有的語言符號所能駕馭的範圍,而以新的語言和符號展現在人的眼前,藉由批判、反思與超越現實而創造出一種全新的、無限可能的生命實踐場域。文藝創作是一種人性不斷揚棄與超越昇華的過程,是一種人本主義的解放觀點,是人性以不同方式的辯證展

現，是一種去除人性的本源中心論的看法，而以生命實踐的歷程來看待人的生命存在。人通過文藝創作在生命實踐的過程中，經歷了啟蒙、解放與昇華，人性的主體本身與啟蒙和解放成為三位一體的共生關係，這個共生關係使人的生命充滿了愉悅，充滿對生命的無限期待、無限渴望，也使得生命本身成為具有無限可能與無窮無盡性。馬庫色的這種結合佛洛伊德心理分析的美學觀點，對後現代美學理論造成很大的影響。

四、資訊科技對人的宰制

　　啟蒙以來，人的理性地位被提到最高點，人與自然的主客體之間如何共存，做為主體的人如何通過理性思維邏輯，在做為客體的自然與物之間得到生命實踐與生命的解放，一直是十分令人感興趣的話題。但在工業主義、科學主義和資本主義的快速興起以後，改變了人類傳統的思維邏輯，大大的延伸了人類的生命能力與生命領域，同時也使人類進入一個與之前大不相同的歷史情境中。工業主義、科學主義和資本主義運作下所發展出來的理性化邏輯，伴隨著資本主義的全球化擴張，形成一種工具理性和市場商品化機制，人的思維一切以理性為基礎，人的生命也被制約在這種資本主義商品化邏輯下。人的主體性被取消，所呈現的是一種在資本主義商品化機制下被制約、被宰制，乃至被物化、客體化的情形。人在生命能力延伸

的同時，人所感受到的不是一種實現與解放的快樂，反而是一種制約與束縛。

資訊時代的來臨，代表的卻是這種現象的更加深化。資訊科技邏輯取代了資本主義商品化邏輯而主宰了人類的生活，人類透過資訊科技可以成就以往數千年來人類歷史中所可望而不可及的事，但人的生命卻受到更大的宰制與壓迫，在人類愈來愈利用資訊科技來改善自身生活環境的同時，生活的形式與生命的內容卻也被資訊科技邏輯所掌握了。資訊科技通過以資本主義商品化機制為載體而發展，最後全面取代了資本主義，也取代了人自我的主體性而做為人生命或生活的主體。這種悖論式的發展，在人類大量且快速的依賴資訊科技的同時悄悄來臨。

資本主義商品化機制對人的制約，必須透過市場的作用才有辦法成為可能，失去市場的流通與消費，資本主義商品化機制便會面臨瓦解，但資訊時代下的資訊科技邏輯則不然，它是以一種全面入侵的方式，進入了人類的生活之中，並將人類生活中的一切事物皆納編到其運作邏輯之下。這種入侵的深度與廣度，遠遠大於資本主義商品化邏輯。使人類的生活全面受其宰制。

二次世界大戰後，資訊科技透過資本主義市場機制而快速成長，電視、電影乃至電腦等產品在最初都是以高科技商品的面貌出現，而後走進人類的生活，並逐漸成為人類生活中所不可或缺之生活必需品。人的思考邏輯也在運用這些高科技產

品的同時受到了入侵並進而被制約了，電視邏輯或電影邏輯取代了人的思維。在聲光娛樂效果之下，我們很自然接受了這些電視或電影所傳遞給我們的訊息，並且用這些訊息所表現的行為或思考邏輯，直接當成自己的思考邏輯並表現在生活上，我們會為了湯姆漢克與梅格萊恩在「西雅圖夜未眠」中的「愛情是一種魔力」的觀點所影響，我們也會為了「鐵達尼號」中傑克與蘿絲纏綿悱惻、撼動人心的愛情而激動得難以自己，並且將飾演傑克的李奧那多視為新一代的情聖，從而崇拜這種後現代式的愛情。前一陣子的「人間四月天」，一個很平常的故事，卻由於是將一個平凡的「現代性愛情」表現在這個「後現代愛情觀」的時空下，而造成了一股熱潮。人們在觀看這些節目的同時，也直接接收了這些節目中的思想觀念，但這些思想觀念的真正出發點，卻未必是真正的人類思考邏輯，更多的時候是出自於資本主義下的商業化需求，與資訊科技自身的運行邏輯。好萊塢的星際科幻之類的電影更能凸顯出這種特質，「星際大戰首部曲」、「第五元素」都是其中的翹楚。

　　電腦科技的發展尤為帶動資訊科技邏輯全面宰制人類生活的主要推手。資訊化與網路化徹底改變、顛覆了傳統的生活形態，使人類進入了實體與虛擬並存的交錯時空中。時間與空間的觀念被重新定位，現實與虛幻之間的差距也變得模糊。這種改變與顛覆，也使得人類的傳統邏輯遭到被繳械和被解構的命運，在電腦世界與網路空間裏，人的生命能力被提升到難以想像的程度，一切的可能都可以發生在這個虛擬的時空中，使

得人類在實體空間中的一切限制與不滿，都可以藉由虛擬空間來獲得解放，給人另一個生命實踐的場域。而在實體空間裏，所有的生活幾乎皆被納入電腦化的運作模式下，所有的生活皆必須透過電腦的操作來運行；小如察看火車時間，大如一筆數百億美元交易的轉帳，皆透過電腦來管理或取代傳統生活下的運作模式。在這種一切電腦化的時代，人的思維模式很自然的是以資訊科技的思維模式來當成運行的法則。資訊科技邏輯取代了傳統思考邏輯。特別是在資訊科技運作下加速了全球化的發展，而全球化的發展也使得資訊科技愈來愈成為人生命中不可或缺的一環。人的生命與資訊科技融合在一起，人的生命過程變成了電腦資訊運作的生命過程，人的一生不可避免受到資訊科技邏輯的宰制。

資本主義商品機制的興起，使得人的主體性被取消，造成人被客體化的情形，使得人被物化與商品化。而資訊科技下人的客體化則更進一步，不但在生命勞動的情形下被客體化，連在生命實踐的過程與生命解放的過程亦都被客體化了。人在資訊科技的運行下整天忙忙碌碌，看似在為自己的理想奮鬥，事實上卻只是被宰制在資訊科技邏輯之下，資本主義以生產和消費所塑造出來的假需求、文化工業來宰制人的主體，資訊科技則更進一步的用一種全面資訊化、科技化的生活模式將人的生活牢牢掌握住，同時藉由實體世界與虛擬世界的交互作用，將人類的生活領域和生命領域全部控制，並以自身的邏輯取代人類的理性邏輯能力。人的主體性在這種氛圍下不但無法表

現，未來甚至連主體是什麼、人是什麼都可能無法談起。著名的好萊塢電影「魔鬼總動員」、「駭客任務」、「網路上身」對這些方面都做出了反思。其實，想深一層，當我們透過電腦文字表達自己的意念，並且以電影影片來做例證，不就已經被限制在資訊科技邏輯底下了？資本主義為人們創造出來的「虛假意識」與「虛假需求」是在現實世界中商品流通機制下的運行邏輯，但資訊科技邏輯不是為人們創造「虛假意識」與「虛假需求」，而是直接取代人們的意識與需求！資本主義運行邏輯仍然是人類所可以預測與掌握的，你或許還有能力可以選擇置身於外，但資訊科技運行邏輯卻遠超出人類想像，是人類所無法蠡測的，個人也不可能置身於外。舉例而言，網路的發展便是一個最佳的例子，在最初網路的出現便利了人類的生活與資訊的取得，但隨著網路的日漸發展與擴大化，網路對人類日常生活的影響也愈來愈大，影響的層面之廣之深都是早期網路剛出現時所難以想像的。它對人類在心理上和物質上都已經造成不可逆轉的作用，有正面也有負面的，人類傳統的邏輯觀念已無法應用在對網路的規範和管理上，使得人們只能按照其運作的邏輯去做出相應的措施來對網路進行規範與管理，而傳統邏輯也就在這種運作過程中被不知不覺地替換掉了。資本主義宰制、取消人類的主體性，資訊科技卻是以自身的邏輯取代了人的主體性，甚至取代了人。

五、結語：迷惘的未來

　　資本主義全球化擴張的結果，是使得資本主義思考與運作邏輯成為人類生活的邏輯，人類價值的有無不再是透過自我生命的實現與解放來驗證，而是以資本主義商品化邏輯取代了一切的價值而成為生命實現的依據。在這種市場機制取向下，韋伯所說的價值理性和工具理性取代人本身的自我價值，人的所作所為必須投入市場邏輯機制中轉換成商品後，才能看出人的行為是否有價值。同樣的，人的勞動和生產、人的思想和認識，也都在這種理性計算下被物化、商品化了。人的勞動能力和思維能力成為資本主義運作邏輯下的產物，而這種產物又回過頭來更加制約了人類的勞動與思維，人已經無法掙脫這種理性化下的牢籠，而被牢牢的制約在這個結構底下，身陷其中而不自覺。

　　從馬克思開始，便對這種資本主義商品化邏輯展開毫不留情的批判，馬克思以「異化」的概念來說明人的處境，並強調階級對立與社會主義革命的必然到來，盧卡奇和馬庫色承襲了馬克思的觀念，並且對日益嚴重的資本主義商品化操作機制做出批判與反思。盧卡奇以「物化」的概念來說明人在商品化運行機制下是如何被宰制，生產與消費是如何被再製，人的主體性如何被客體化，人如何被當成物品一般對待。而在馬庫色

的敘述裏，是以文藝美術的範疇來當成人自我實現與自我解放的場域，而這個充滿主體性與自我的生命實踐場域，卻又是如何的被商品化的過程給摧毀，文化工業的興起如何取代了文藝創作的獨特下所代表的人的價值，而取消在文藝創作中的無限可能性，同時也取消了人批判反思與自我解放的可能。

　　在資訊化、全球化時代裏，這種異化、物化、商品化甚至是人機器化、資訊化的情形不但沒有獲得緩減，反而日益嚴重，透過現實與虛擬之間的交錯，時空觀念的重新建構，人的思維模式與思考邏輯日益按照資訊科技邏輯在發展，人的主體性被宰制的嚴重，甚至被替代了。在這種處境下，人其實成為附屬在資訊科技的運作邏輯之下。當年馬克思強烈批判人類在發展過程中創造出資本主義，並讓自己愈來愈受制於它而異化、物化；資本主義的發展取代了人類的發展而成為人類的歷史，現代我們似乎又面臨相同的處境。馬克思和其追隨者所沒有見到的是，資本主義發展到極致，帶來的似乎不是社會主義革命的必然來到，而是科技主義的快速發展與全球化擴張，並衍生出資訊主義而造成資訊時代的來臨。這對人類究竟是禍還是福，在資訊科技的全面向人類生活入侵的同時，人類未來又將如何、又該如何發展，是現在所難以預料的。

第四章
資訊時代下發展理論的變遷：
對傳統中心／邊陲概念的解構

社會的物質生產力發展到一定階段，便同他們一直在其
中活動的現存生產關係或財產關係（這只是生產關係的
法律用語）發生矛盾。於是這些關係便由生產力發展形
式變成生產力的桎梏。那時社會革命的時代也就到來
了。隨著經濟基礎變更，全部龐大的上層建築也或慢或
快的發生變革。

馬克思──《政治經濟學批判序言》[1]

　　歷史是不斷的向前發展與變化的，「發展」是歷史之所
以持續與存在的一個重要概念，這個概念包含了各式各樣不同
範疇的向上與進步力量，像是資訊科技、生物科技、軍事武器、
人文藝術等等，而如果由全球整體視野來看待「發展」的過程，
則國家／社會乃至國際層次的發展觀念無疑是研究的最好指
標。當代對於國家或社會整體「發展」的理論論述，較為人所
熟知的有五○年代的「現代化理論」，六○年代的「依賴理論」、
七○年代的「世界體系理論」，以及八○年代以來迄今的「全
球化理論」，這些發展理論除了「現代化理論」之外，都觸及
了資本主義擴張的問題。即資本主義以政治經濟作為載體，越
過國界而對外擴張發展。

---

[1] 馬克思，〈政治經濟學批判序言〉，中共中央馬克思恩格斯列寧史達林
著作編譯局編譯，《馬克思恩格斯選集》第二卷，北京：人民出版社，
1995 年，頁 33。

一、古典馬克思主義對資本主義的批判

依賴理論的最初起源，其實可以上溯至馬克思（Karl Marx）「原始資本積累」的概念，馬克思在《資本論》（*Capital*）第一卷中和一八五〇年代有關政治經濟學的論述及《共產黨宣言》（*The Communist Manifeto*）中有關資本主義擴散和全球化的問題。在馬克思的《共產黨宣言》中，其實有非常明顯的西方中心主義色彩，書中把世界區分成「西方」與「非西方」／「資本主義地區」與「非資本主義」的區隔，當成是一種先進與落後對比的差別。以西方為基地，資本主義通過商品輸出做為槓桿，由西方對外擴散到非西方地區。這種擴散衝擊了非西方地區，也是所謂的落後地區，造成非西方的落後地區生活習慣、生活方式的改變。資本主義對非西方所帶來的改變，是將其生活習慣和生活模式給市場化和商品化了。這些非西方地區半封閉或是全部封閉、自給自足的生活模式被打破，被捲入以西方國家為中心的經濟大循環市場裏面，非西方國家就這樣被市場化或資本主義化了。

馬克思注意到資本主義擴張的問題，卻忽略了資本主義全球性擴張的同時所引起的與非西方的本土化之間產生的矛盾關係，馬克思是一位西方中心主義者，只重視到西方資本主義擴張單向的力道，卻忽視非西方在面對這種擴張時所做的抵

抗。馬克思在西方中心取向的觀點下認為:「西方的今天就是落後地區的明天;西方的發展方式就是落後地區的未來。」這無疑是一種西方中心取向的話語,將西方所經歷過的歷史視為是所有地區發展所必須依循的不變軌跡。而馬克思在論述資本主義原始積累的問題時,認為西方資本主義之所以可能出現,是通過漫長的原始資本積累操作為前提的。

從十五世紀末到十八世紀中葉,是進行原始資本積累的歷史過程。西方的歷史發展進程,經歷了由封建主義發展成資本主義、由手工業發展成機械工業、由重農主義轉向重商主義等過渡轉折階段,以西方為中心的地理航道的大發現,也帶動了西方殖民發展的歷史階段。就世界範圍而言,以西方為中心的世界市場的格局,並不是在西方資本主義確立後才形成,而是在資本主義運行確立之前便已經形成。另外,世界市場對西方資本主義發展扮演重要的角色,使得西方的資本主義可以藉此擴散到非西方地區而形成一種壓榨式的「經濟殖民」狀態,這種西方對非西方的經濟殖民表現出來的是西方對非西方「經濟剩餘的剝奪」,促使西方資本主義的發展成為可能。

西方資本主義的發展通過西方對非西方的經濟剩餘剝奪只是一個面向,另外一個面向,則發生在西方本身內部的「城鄉差距」、「工農關係」,城市對鄉村的內部的殖民和城市對農村的經濟剩餘剝奪。工業和農業之間是以一種價格剪刀差來進行的,工業和手工業通過內在、外在經濟殖民雙重管道,促使西方手工業產生結構性升級,產生以機械為生產方式的資本

主義出現。

　　內在城市對農村的經濟殖民，源於西方手工業發展，例如羊毛織品的發展，手工業者要不斷的尋求原料，把矛頭指向農村，尋找低價的原料來源，並進行土地兼併與購買，將原有之耕地轉變成畜牧的場所或生產其他原料的場所。農民不斷的被釋出他們的土地，同時大量的被游離出來，農民變成和自己的土地／工作所得相分離。也打破了工農合一、自給自足的自然經濟原始型態。農民生活必需品必須向外購買才能得到，例如像城市的手工業者購買。農村是手工業者原料生產的基地，城市成為是生產成品的提供者，農村與城市成為一種共生的網絡關係，農民與農村被捲入以城市為中心的商品經濟之中。然而，農村所提供的產品的價格，比向城市購買成品的價格有很大的差距，農民提供的原材料其價格遠遠低於城市手工業者的成品價格，所以農村的資源等於是被以經濟剩餘的方式進入到城市手工業來，城市手工業的能力整體狀況也因此而升級迅速，而農村卻愈發貧困且不停的被剝削。

　　資本主義的生產方式，是通過直接勞動生產者與生產材料、生產手段、生產工具相分離而確定下來；換句話說，是通過土地等生產材料、手段、工具等集中在資本家手中，非直接掌握在勞動生產者的手中而確立下來。這也是資本主義與自然經濟生產手段的分別之處。這使得大量的農民成為雇傭勞動者，移居到城市找工作機會或就地取得工作機會，無法再過自給自足的生活，成為出賣勞動力以換取生活的人，而手工業者

則具備了向資本家轉變的能力，就這樣，原始資本積累階段，
透過城市對農村進行經濟剩餘剝削為載體，將城市與鄉村結合
在一起而造成資本主義的興起。

外在經濟殖民方面，則是以西方地理大發現和航路大發
現做為槓桿的。與西方國家內部的城鄉關係相類似，西方在把
非西方地方當作原料的提供基地的同時，也把產品消費到非西
方地區，通過地理大發現，西方找到落後地區當原料與市場，
同時也在落後地區注入龐大的資金做支撐，西方力量不斷向非
西方施壓，大批非西方國家的民眾不斷游離出來，成為西方國
家的雇傭勞動者。西方與非西方成為一個經濟大循環體系，非
西方國家的資源不斷的流入西方，而西方也不斷在非西方造成
消費市場，形成西方對非西方進行市場經濟剝奪的情況發生，
這與上述城市對農村的剝削一樣殊無二致。

西方國家在進行原始資本積累時有其「一般性」的模式，
但是不同國家在表現此模式時可能會用不同的面貌呈現出
來。馬克思注意到這一點，但卻未進一步的論述，馬克思對落
後地區的關注和論述仍是過於貧乏。落後國家在進行資本主義
全球化擴張的時候其實會以自己的方式呈現，而非全然接受西
方的東西。換言之，當西方利用不同的型態來進行原始資本積
累時，可以在不同地方用不同的方式進行資本主義化，但不同
地方其實也會將這種資本主義化的過程再加入自己的本土化
色彩。資本主義的這種發展，再往下便過渡到「帝國主義」的
發展出現。針對馬克思的資本主義全球化擴張做出更進一步的

時代論述的，當推列寧（Lenin）的帝國主義發展理論[2]。他把馬克思的西方中心扭轉成東方中心，代表東方馬克思主義發展的開始，也代表東方西方馬克思主義傳統的確立。

列寧與馬克思在對資本主義全球化擴張的著眼點上，存在一個很大的差異，馬克思是以一種較為正面的觀點去論述這種資本主義全球化的擴張，他所要強調的是階級間的對立問題，而非國家間的對立，資本主義的擴張是一種經濟發展的必然形式。列寧則不然，他是以一種負面的態度去看待的這一命題的，他認為資本主義全球化的擴張必然會導致這些經濟優勢國家的向外擴張，從而導致殖民現象的日益嚴重，並且必然導致「帝國主義」的出現。換言之，列寧關注的焦點不是在資本主義身上，而是在其運行／作用過程中，所導致世界體系內部國家間的對立／衝突的問題。

列寧受到盧森堡夫人很大的影響，他認為資本主義的生命力是靠落後地區支撐起來的，落後地區提供市場、原料、勞動力做為資本主義之所以可以持續擴張的動力，而不斷的進行資本積累。而西方國家卻用帝國主義、軍國主義來對待落後地區，對落後地區實施殖民策略，將落後國家轉變成附屬國或殖民地。

---

[2] 列寧，〈帝國主義是資本主義的最高階段〉，中共中央馬克思恩格斯列寧史達林著作編譯局，《列寧選集》第二卷，北京：人民出版社，1960年，頁 739-816。

　　所以他認為，資本主義的發展與擴展必然導致帝國主義的出現，因為這是一種邏輯發展上的必然。

　　列寧對帝國主義的論述，表現在其一九一七年的著作《帝國主義是資本主義發展的最高階段》，其中，列寧指出幾個重點：首先，他接受盧森堡夫人的觀點，認為資本主義的生命延續力是來自於落後地區的供給。其次，他提出了帝國主義是資本主義發展的必然結果，帝國主義是資本主義的危機階段，因為隨著資本主義的擴張而產生世界體系的張力與危機，而帝國主義的出現更加深這種問題，所以帝國主義的出現同時也等於是宣告了資本主義結束的喪鐘響起。列寧進一步認為，馬克思面對和處理的是古典資本主義，而他所面對的是新的資本主義、是一種壟斷性的資本主義。列寧會如此認為，是因為當時出現了工業資本與銀行，形成工業資本與金融資本。資本主義在當時已成為資本家壟斷的年代，國內的資本主義發展到此階段，已無法再單純的由國內尋找到活力，必須通過國家與政治力量、軍國主義作風向外擴張，把落後地區變成附屬地、殖民地，並通過這些殖民地，重新找到資本主義的活力與動力。也因為如此，引發了西方各國家間的張力與衝突，資本主義發展到帝國主義階段，造成西方國家間的紛爭與問題，而這也形成了共產革命的重要契機。列寧認為，這種由資本主義到帝國主義的宿命式發展，必然導致世界戰爭的到來，並促成共產革命爆發的機會，列寧的這種看法也開展了他的革命理論，成為其後蘇聯革命的指導原則。

　　針對列寧對帝國主義的論述，另一位共產國際的重要人物考次基（Kautsky）則有不同的意見。考次基認為，西方資本主義的發展而造成了帝國主義的出現是一個不爭的事實，但不能由此推論帝國主義的出現是資本主義發展的必然結果。考次基認為，帝國主義是某些西方國家政策的表現；西方國家採用的帝國主義政策，主要是工業化的國家為了兼併落後地區以農業為主體的經濟作業區，其反映的是工業發展地區與農業發展地區鬥爭的格局，不能將這種鬥爭放大成西方和非西方、西方和落後國家間的鬥爭，這是兩種不同面向的爭議點，是不能將之混為一談的。很顯然的，考次基並不認為這種鬥爭／衝突的層面可以直接上綱成區隔國家間的鬥爭／衝突，自然也不作為區隔西方／非西方來作為革命條件依據的判準。

　　列寧與考次基的說法皆有其立論基礎，很難去說明誰對誰錯，但兩人在這一點的爭論上，對後來的「依賴理論」和「世界體系理論」皆有一定程度的影響。

二、依賴理論對資本主義的批判：核心／外圍

　　五〇年代的發展典範是「現代化理論」，這是一種典型的西方中心主義思維下所建構起來的理論，持這種觀點的人認為非西方地區之所以會落後與不發展，是因為他們無法掌握正

確的發展方法,而西方發展的模式正好可以作為其擺脫落後生活的良好借鏡。只要非西方地區按照西方的發展模式,採用西方的生產方式、生活形態、價值觀、文化,必然可以達到與西方同樣的發展。這種「全盤西化」的西方中心理論很快便遭受到來自非西方的挑戰,「依賴理論」和「世界體系理論」皆對其做出嚴厲的批判。

法蘭克(F. H. Frank)提出了古典依賴理論,作為對現代化理論的一種反思。法蘭克在理論的方法論操作中,不再使用民族國家作為分析的單位,但這並不表示他認為民族國家已經失去用處,而是他從世界體系的角度來看民族國家的政治、經濟角色,他所採用的是一種整體式的方法論論述方式,而非個體論式的論述。他認為世界體系格局的內部中心和外圍衛星的結構關係,是資本主義運作下的產物,而不是自然形成的前提或條件,這個結構關係制約了民族國家的發展前途,特別是經濟發展。雖然作為中心的國家,會因經濟危機或戰爭危機而產生對衛星國家控制力量轉弱,但是這種以西方為中心的世界體系在目前卻是非常穩定,而且符合資本主義的運行發展格局的。

近代以來,不論是西方或非西方國家,不管在內政或是對外關係上,都在處理與資本主義相處／運用、或由資本主義所延伸出來對現代性發展的問題。法蘭克強調世界體系制約力的同時,也強調落後國家自身的角色扮演與作用。在資本主義擴散與制約之下,落後國家也有其自身的重要性,但落後國家

究竟扮演何種角色，法蘭克卻未曾提到。這也是他的理論為人
所詬病之處。

　　法蘭克的理論裏有一項很重要的特質，即是對「現代性」
觀念的反動。回顧「現代化」論述過程，是一種把人類近代史
說成從傳統向現代社會轉折的過程，看成是「現代性」展現／
表現的過程，這也連帶形成了「西方中心」的論述，而在社會
學上與達爾文主義相結合成為「社會達爾文主義」，更是作為
替帝國主義、殖民主義合理化辯護的工具，這是一種目的論式
的史觀。支持這種史觀的人認為，從傳統向現代轉折的過程，
是一種客觀且不可改變的、既定的發展結果。其背後所代表的
是一種科技主義、技術主義的觀點，強調技術革命是歷史發展
的動力。現代化論述下將世界區分為傳統與現代社會，把那些
無法擺脫宗教、封建傳統因素的國家定義為落後地區、傳統社
會。而經歷科技革命且以技術主義為社會發展主導的則為先進
地區、現代社會。落後地區之所以無法擺脫落後的命運，是因
為其抗拒科技主義的浪潮所致。

　　法蘭克不贊成這種論點，他認為從世界範圍來看，根本
沒有傳統與現代社會的區別，因為同樣屬於資本主義世界體系
的一環。經濟間的發達或不發達，其實是被決定於其處於世界
體系的中心／核心或衛星的位置上。落後地區之所以落後，是
因為其被作為相對於中心國家的那些地區經濟剝削所導致。法
蘭克反駁了現代化論述的觀點，認為落後地區是因為被納入了
資本主義世界體系中，受到了發達國家的經濟剝削，所以才陷

入了不發達的困境中，才無法走上如現代化論述中的現代化過
程。

　　法蘭克的古典依賴理論自然也遭受到某些不同意見者的
批判，這一部分可以分成下列三個重點：

(1)法蘭克認為以西方中心的資本主義世界體系，雖然有
　　水平方向的流動，但是卻缺乏垂直方向的流動性，所
　　以當西方陷入經濟戰爭的危機時，也不會改變其做為
　　中心的地位，從危機中退出時仍是中心。法蘭克這種
　　以西方為永恆中心的觀點，遭受到很多的批判。

(2)法蘭克沒有充分解釋西方國家能從危機中脫困，然後
　　又重新坐上中心的地位。

(3)法蘭克認為以西方為中心的結構是無法調整與改變
　　的，落後地區想要脫離這種困境，唯有靠發動社會主
　　義革命，但是社會主義革命如何可能發動？法蘭克亦
　　沒有言明。

　　批判者認為，十五、十六世紀以來，資本主義世界體系
的型塑與發展過程中，雖然是以西方為中心，但同時並存的世
界體系也不可忽略，例如以中國為中心的東亞體系即是一例。
再者，核心國家也是存在不斷的流動與變化的，法蘭克的中心
與衛星的世界體系是一個僵化的體系，核心與衛星的概念應該
是相對性的，而不該是絕對的。即是核心區域之中亦有相對的
核心與衛星，而衛星區域之中亦然。

　　依賴理論並非是法蘭克一個人的見解，還有許多這方面的優秀學者，像是之前的阿根廷經濟學家普瑞希金（Raul Prebisch）和貝倫（Paul Baran）都提出過相同的概念。普瑞希金的貿易指數（terms of trade）、不平等交換（unequal exchange）、核心和邊陲（core-periphery）等三個概念影響後來法蘭克的依賴理論；貝倫則是馬克思主義經濟學者，他將馬克思所未曾明確區分出來的「剝削」概念做了補充，以「經濟剩餘」的概念來取代了古典馬克思主義中的「剩餘價值」，用以說明核心國家是如何透過經濟剩餘來對衛星國家進行剝削。貝倫的主要概念包括「經濟剩餘」（economic-surplus）、落後（back-wardness），以及壟斷的資本主義（monopoly capitalism）。其中尤其是貝倫將資本主義的發展歷史分成掠奪型、競爭型和壟斷型三種，對後來的人研究資本主義的擴散有很大的啟迪。之後的桑多斯以依賴結構的分析出發，探討國家發展的內外局限原因，再下來的卡多索（F. H. Cardoso）、法雷托（Enzo Faltto）等人延伸出依賴發展理論，一方面批判古典依賴理論的過分重視資本主義擴張的外在機制，忽略了第三世界國家自身的內部因素，另一方面則更進一步的觀察各個國家內部的差異，來論述發展的可能與局限，這種依賴發展理論有時被人稱為「新依賴理論」。但不論如何，所有依賴理論論述的主軸仍不脫核心與衛星國家之間的結構所產生的問題。

三、世界體系理論的論述：一種方法論上的突破

　　繼依賴理論之後，馬克思主義學者華勒斯坦（I. Wallerstein）提出了世界體系理論，成為七〇年代時期發展理論的典範。華勒斯坦認為社會學、政治學、經濟學不應局限在民族國家的視野上，而應該放到世界體系中來看。社會、政治、經濟現象是世界體系與民族國家「階級」的互動，是一種結構性的辯證關係，也是一種全球化與本土化的辯證統合下的產物。在古典依賴理論的看法下，邊陲與核心國家的關係是一種結構宿命論，華勒斯坦則企圖跳出這種限制，在中心與邊陲的觀念中又提出了一種「半邊陲」的概念，透過這種核心—半邊陲—邊陲的世界體系結構，華勒斯坦所想表現的意涵是資本主義世界體系其實是具有垂直的上下流動特性的。

　　由歷史研究途徑觀察，我們可以看出資本主義動態擴張的過程，是通過以下步驟而成為可能的：

(1)滲透融合階段，資本主義國家把落後地區國家納入以資本主義為主導的世界體系中。

(2)將落後地區的農業商品化、市場化、經濟化：農產品由自給自足、閉關式的生產結構轉換成為出口導向與市場取向。

(3)使落後地區進入工業化開展的時代。

(4)由前面的發展過程，將落後地區被無產階級化

(5)資本主義機制形成，落後地區經濟循環變化的發展。

　　華勒斯坦在這些過程中所關注的焦點為：世界體系是以何種手段與方式將各個地區與國家捲入，以哪一個力量為主體？或是說以哪一個民族國家或區域為主要的施力者？而這些被捲入的地區、國家將用何種力量回應？或說是用何種階級變化、國家與社會互動變化來回應？而在世界體系的制約下，農業商品化與工業化開展的時代來臨，落後地區本身如何在經濟上做出回應而存活下來？

　　華勒斯坦與之前研究者的不同之處，是將世界體系理論當成一種研究步驟與研究方法，不再強調世界體系對民族國家的制約力，而是將兩者視為一種辯證發展的有機結合關係。不再強調世界體系對民族國家的影響有多大，或是民族國家對世界體系的反彈抗拒力有多大，而是兩者交互作用下所產生的結構張力，共同決定民族國家的政治、經濟、社會的發展。

　　華勒斯坦認為要具體分析資本主義世界體系對民族國家的納編步驟，必須做如下思考：首先，在未被納編前，這個時候的政治、經濟、社會都是處於一種「前納編時期」，這一段時期很容易使按照現代化理論的思考模式而稱為「封建時期」，並且將這種分法當成現代化與落後的分野，這其實是一種西方思考下的邏輯，是一種西方中心觀下的迷思。其次，在

開始被資本主義世界體系納編的初級階段,要看資本主義納編的方式以及落後地區如何回應,最重要的是看階級之間如何互動。再其次,世界體系作為結構制約並不是一成不變的,對落後地區的滲透方式是因著民族國家的不同,而有著不同的方式。同樣的,不同地區與國家回應世界體系雖然是透過客觀的步驟而被納編,但是其表現的模式可以是不同的。最後,不管是民族國家、階級都是一種世界現象,是作為現代性範疇而存在的,「階級」是世界變化的現象,不能從國家的範疇來看,而必須從世界體系的整體性觀點來看。

華勒斯坦如此做的用意,是為了破除在西方所建構起來的現代化理論下所描述的二元對立或二元分野觀念。他認為當一個地區或國家未捲入資本主義全球體系的架構前,階級屬性一般被定位為封建或傳統,把前／後的觀念與封建／現代(或資本主義化)等同起來,是現代化理論研究途徑的操作邏輯與操作語言,這是一種在世界體系架構下建構的現代化理論邏輯思維,是研究者所應該避免的。

華勒斯坦理論的一個基本核心概念,即是強調民族國家的外部世界體系力量與民族國家內部階級互動的關係間是一種辯證的關係,社會無產階級化的發展,不能單純以古典階級依賴理論來看,即是單純的看做在資本主義全球化的入侵下,落後地區被納入以西方國家為中心的世界體系下的大循環裏。如果直接把該地區看成是從屬於先進西方國家而處於被剝奪、剝削的位階來看,這是一種不正確的觀點。也不應該因為

看到工人和勞動階級的擴大，便斷言社會主義革命的必然來到。必須要觀察在工業化下，階級的互動與扮演的角色為何，同時也必須注意到世界體系與本土階級力量的互動為何；換言之，必須通過兩者之間的交互作用關係，才能瞭解／推論真正的現實與未來。

　　通過世界體系的概念，華勒斯坦對階級做了一番反思。他認為資本主義世界體系是不斷重組變化的動態過程，不是一個穩定的狀態，同時強調上下流動的可能性，建構出一套非西方中心的資本主義發展史的論述。按著第一、二、三世界的架構來看，世界體系理論中告訴我們由第一世界中來看，「相對」存在第三世界；由第三世界中來看，則「相對」存在第一世界，破除了第一、二、三世界的二元結構模式。放到長期的、總體性的架構下來看，資本主義世界體系不存在永恆的中心與永恆的邊陲，而是存在一種相對的中心與邊陲，換言之，在世界體系發展的整體架構下，核心與邊陲的概念是一種流動且相對的存在，而非絕對的情形。

　　華勒斯坦對社會發展做典範的轉移，把分析單位從民族國家擴大到世界體系，來看待階級的重組與分化，基本上是民族的本土力量與世界體系的全球化力量共同作用的結果。階級的屬性是世界性範疇的產物，不該只是局限於民族國家的範圍內，一般的馬克思主義學者都是從經濟的角度來理解階級，但其實馬克思不僅告訴我們階級是經濟的產物，同時也是世界體系下的產物。華勒斯坦注意到這一點，他認為階級除了是經濟

範疇也是世界發展的產物,作為社會發展的主體,階級並非赤裸裸的表現出來,而是通過各種身分集團表現出來,階級是通過宗教、種族、民族、社團表現出來。所以階級的演變發展過程,便是歷史文化現象的主要內容。而在這裏階級更必須放到世界的範圍來理解,階級的形成與發展是世界歷史演變發展中重要的一環,在這種把世界體系當成分析單位的思維下,國家與市民社會、經濟與政治亦都必須由民族國家為分析基礎的觀念向世界體系為基礎的觀念轉折。

四、資訊時代的全球體系觀:多中心／多邊陲

　　華勒斯坦認為現代化的過程是與西方民族國家的建立同時進行的,這一點讓人們在政治、經濟、社會結構局限在以國家為基本單位裏面,通過資本主義發展的演變過程,也影響了非西方國家的觀點。所以當可以將關注和研究的焦點由民族國家轉向世界體系,將二元對立的觀念轉變成互相保證的辯證觀念,是將研究面向由「現代化」的框架中釋放出來,是一種站在第三世界國家角度的一種反思,華勒斯坦的這種看法,不僅是對現代性的反抗,同時也頗帶有後現代主義的味道存在。

　　在全球化的時代,跨國企業和國際非政府組織的興起,使得發展的論述重點不再依托著傳統民族國家。在傳統以民族

國家的論述下，容易將世界體系視為國家與國家間利益計算的總和，但由全球主義的視野來看，國家是全球體系下的一個組成分子，是整體中的一部分；國家自身的政策能力和全球結構的制約力相互作用才是真正全球體系運作關係。而這裏的全球結構並不是恆定的，是一種變動的、流動的存在，若是將結構視為一種先驗的、形而上的存在，則是一種錯誤的認知，國家的自身行為與結構的動態存在，兩者是呈現一種辯證的關係。全球結構的制約力與國家外交政策及作為是相互影響、相互改變的辯證關係，所以以全球主義的視野來看國際關係發展，不應該走上「結構決定論」、「客觀決定論」的道路，應該以歷史主義下動態發展的觀點來觀察。而此處所指稱的全球體系下的結構，並非是地理或物理範疇下的概念，不是地緣政治學中所指涉的制約或結構，而是文化與經濟及政治範疇下的概念，是由文化、經濟與政治交互作用下所產生的結構制約。在方法論上，與現實主義或新現實主義觀點下所強調的「國家至上」的個體式論述不同，這種個體式論述是將個體利益計算的總和以微觀的、化約的角度去看全球結構。而全球主義則是以一種整體性的、動態的、辯證的角度來探討個體國家與全球結構間的互動，是一種微觀與宏觀雙重視野的結合。

　　現代民族國家的產生可視為是以西方為中心的現代性的展現，而全球化則可視為是以西方為中心的現代性向外擴張的事實。全球化代表的也是一種西方由現代性向後現代轉折的機制，因為全球化發展下雖然以西方為中心而要求人類文明邁向

一種同質化，但同時卻也強調各地方文化、種族、個性差異的異質化。同質化和異質化兩者成為一體兩面，是一種互相闡釋、互相支持、互相保證、互相滲透的辯證關係，兩者互為彼此的「他者」。這種同質化和異質化同時表現的行為，明顯出現在民族國家的對外作為上，例如中共一方面接受西方文化與價值，一方面卻又堅持中華文化、中國特性的反和平演變。這種對以西方為中心的現代性反動，通常以極端的後殖民和後現代論述做辯護，可視為是後殖民主義和後現代主義的理論變體。

在全球化架構下，由於資訊科技的發達，也改變了以往的資本主義生產消費模式，後工業主義時代，知識力量取代工業力量；知識經濟取代了工業經濟，資本與貨幣透過網路空間來流通，市場的實體化限制被取消，不需要再依賴實體的國家為依托，而直接可以透過虛擬的網路空間來進行交易。在全球化、資訊化的架構下，市場與貨幣、資本的流動過程逐漸與國家脫鉤，國家逐漸喪失了調節資本市場的能力。民族國家是表現現代性過程的一個重要機制，民族國家的式微也意味著現代性向後現代過渡的原因。換言之，全球化雖然是以經濟為基礎向外擴散，但並不能全然由經濟的意涵來看，仍然要回到文明或文化的向度來做觀察的。

在由現代走向後現代的同時，也意味著典範的轉移。在現代性制約下所建構出來的發展理論，由現代化理論到依賴理論再到世界體系理論，代表的是逐漸由以西方中心取向的發展

觀念向全球多元發展觀念的轉移，在這種由現代主義轉向後現代主義的發展過程，也醞釀了一種去本質化、去中心化的典範產生。西方不再是處於絕對的核心地位，非西方國家的邊陲和半邊陲國家地位也不再是必然的或全然固定不動的。換言之，以地緣政治學發展出來世界體系理論在全球化、資訊化時代下整個漂浮、流動起來，核心不再是單純的核心、邊陲也不再是單純的邊陲，世界體系的時間和空間觀念漂浮起來，打破傳統被定位在固定地理疆界上而形成的核心—邊陲概念。資訊時代下，一種「多中心、多邊陲」的概念取代了單線思維的核心—邊陲觀念。

　　在資訊化、全球化之下，由於傳統的空間觀念被顛覆，國際政治學上的地緣政治觀念被重新解釋，地緣政治的空間觀念已不再是由實體的空間觀念為出發點，而是取決於在不同向度的考量下一個國家所在的「位置」；這個位置與所在的地理環境與環境大小並沒有一定的關聯性。所以一個國家可以同時具備多種身分，可以同時是核心與邊陲，而在世界體系中，也可以同時存在多個核心與邊陲，不同的面向、不同的時空下，核心與邊陲的觀念便隨之改變，沒有絕對的核心與邊陲觀念；換言之，華勒斯坦的世界體系理論隨著資訊化、全球化時代的來臨而被擴充，核心—邊陲—半邊陲的連結關係仍然存在，只是由傳統的三維向量轉向多維；一個地理位置上屬於蕞爾小國的國家可以是那一區域的經濟或科技核心，一個幅員廣大的國家卻也可能處於資訊科技的相對邊陲的位置。而在全球化、資

訊化之下帶動了知識經濟時代的來臨，使得資訊科技的強勢可以帶來經濟發展上的優勢，並因此而影響了在國際政治上的地位。即使他在國際地理政治上是處於邊陲的位置，但卻在資訊科技上處於核心位置，並因此而改變了其國際地位，而這種發展並不是因為其固有位置所帶來的，也不受限於固定疆域位置的束縛。這種定位多元化下的國際政治關係，也破除了傳統對大小政治實體的迷思，改變了傳統對國家安全的看法，使得各國不再以消極的閉關鎖國來消解對被侵略的恐懼，相反的，是以更頻繁的交流與互動來造成彼此間的友善與發展，藉由這種愈來愈傾向一體化的世界體系，來達到一種國家安全的保證。

五、兩岸在全球體系的重新定位：大小政治實體觀念的翻轉

相同的概念其實可以運用在兩岸關係的發展上。隨著資訊化、全球化的腳步，海峽兩岸之間的交流也日漸頻繁，如果放下政治上的爭議來看，兩岸在經濟、社會、教育文化和科技範疇上都有顯著的交流互動，尤其是經濟方面，台灣企業往大陸投資發展甚至是共同開發合作，已經是一個沛然莫之能禦的時代潮流，可以說，除了政治上的無法對等協調外，海峽兩岸之間早已經和諧交流了。台灣政府在思維上卻仍將國家安全的觀念局囿於傳統的領土安全與防禦安全上，對這種民間企業競

相趨往大陸投資的作法感到憂心，之前是以「戒急用忍」政策
來限制兩岸間經貿往來的快速發展，現今又對開放三通的態度
猶疑不決，這其實是忽略了在資訊化與全球化時代下台灣所能
扮演的「核心」角色。

　　台灣由地緣政治學的觀點來與大陸比較，自然在大小與
位置上都處於劣勢，尤其是後冷戰時期，台灣這艘「不沉的航
空母艦」被美國「除役」後，它在國際政治上的重要性更是每
況愈下。但是在資訊化與全球化的浪潮衝擊下，台灣可以用自
己的經濟實力和科技實力，以及獨特的地理位置，用自己的實
力再度走上國際政治舞台，台灣的經濟實力和科技發展能力在
全球都是不容小覷的，尤其台灣的科技產業，正在往邁向「科
技島」方向努力之中。台灣的經濟在全球的排名也都是在前
面，這正可以當成台灣面向世界、躍登上世界舞台的籌碼，台
灣並且可以將自己打造成一個科技中心，與其他周圍國家形成
一種共生關係。在經濟方面，為因應兩岸都加入世界貿易組
織，台灣更應該藉由與大陸之間的種族、文化、語言相通的優
勢，積極的將自己與大陸市場發展成共生共榮的關係，使得台
灣成為中國大陸與世界市場接軌的節點。並由此確保自己經濟
轉運中心的地位，藉由與中國大陸和世界維持良好關係來確保
自己的國家安全，同時也提升自己的國際地位。在傳統地緣政
治上，台灣是一個毫不起眼的小小區域，是只能處於邊陲位置
的國家。但在資訊化與全球化時代，利用科技上和經濟上的優
勢，台灣可以成為處在核心位置的強國，打破了傳統核心與邊

陲的先天上限制。尤其在資訊領域上，台灣的成就與大陸相比毫不遜色，甚至凌駕於其上。在資訊時代藉由網路和電腦資訊的全球化發展，資訊戰的觀念已經取代了傳統的戰爭觀念，未來資訊戰的主要戰場不在實體空間，而是透過網路資訊空間來進行。而在這個資訊戰場裏，台灣相對於大陸就不再是一個微小的政治實體，而是一個足以與其相抗衡甚至更強的對手。

所以，在兩岸關係的發展與建構上，我們有必要摒棄以往傳統思維的大小政治實體觀念，而改以經濟、資訊科技核心的角度來思考台灣的定位，並且將傳統上對政治和國防上所定義的國家安全擴大到包含各種範疇下的廣義安全，以開放且面向世界的心胸和作為來確保台灣的發展與安全。這也才是資訊化與全球化下台灣可行之路。

第五章
資訊時代下中國主體認同的建構與反思

東方主義不是歐洲人空幻虛浮的東方幻想，而是好幾代
以來，被創造出來的一套有相當多的物質投資的理論與
實務。這持續不斷的投資，造就了東方主義，一套關係
東方的知識體系。先將東方放在一個可被接受的柵欄
中，加以過濾，以便進入西方的意識中，而也就是這同
樣的投資過程——的確是真實的生產——將此種東方主
義式的陳述，不斷繁衍成一般的文化。

薩伊德——《東方主義》[1]

一、民族國家認同的起源與內涵

「認同」這個概念一直是一個令人十分感興趣的命題，
而且這個概念長期以來與主權、種族主義、民族主義總是息息
相關的結合在一起。「種族」與「民族」乍看之下似乎指的是
同一種概念範疇，然而不同的是「種族」一般被視為生物學、
遺傳學上的範圍，是從基因和血統的角度來界定的，而「民族」
（或云國族）則與現代國家的形成連結在一起，是伴隨著現代

---

[1] 薩伊德（Edward W. Said），王志弘、王淑燕等譯，《東方主義》，台北：立緒，1995，頁9。

國家的形成而產生的一種歷史概念與政治範疇[2]。在西方的發展歷史中，種族或民族問題常常引發爭議，其主要的原因是與資本主義向外擴張相結合的，隨著西方的地理大發現，使殖民地、世界市場不斷的向外擴張，以歐洲為中心向非西方國家擴展。

　　在批判西方中心觀下所發展出來的依賴理論的看法中，將西方與非西方的關係視為中心與邊陲地區的衝突。這種以中心和邊陲（core-periphery）的角度來看待問題的態度，容易將衝突看成是白人和非白人的對立，並認為這種對立是種族意識的抬頭。而像這種種族間的對立衝突是無法以生物學、遺傳學的觀點來看待／解釋的，我們必須以更宏觀的角度，即是訴諸於資本主義的全球性擴張來作思維點，才能真正瞭解其內在所代表的意涵。

　　資本主義的擴張很大程度上可以被視為是白人力量的擴張，在這種情勢下，非白人則被視為是一種作為相對於白人存在的「他者」（other）的對照來看待，這種白人／非白人的二元分法在近代歷史的發展過程中造成了種族問題的衍生，種族問題又與近代國家的形成緊緊扣連在一起，所以也形成了國家層面的問題。近代國家之形成是以通過主權訴求為號召而與

---

[2] Immanuel Wallerstein 著，黃燕堃譯，〈族群身分的建構〉，香港嶺南學院翻譯系．文化／社會研究譯叢編委會編譯，《解殖與民族主義》，香港：牛津大學出版社，1998年，頁137-138。

種族連結在一起，一般而言是由下列兩種訴求方式建構出來
的：

(1)國家民族主義：承認在一定領土範圍內的種族差異
性，但要求各種族通過集體效忠來形成一個具有集體
意識的國家，並進而形成一個統一的民族，這是一種
多民族國家的操作模式。

(2)種族民族主義：通過要求某一種族在政治上獲得自主
性甚至進而組成一個國家，藉以凸顯種族的政治角
色，這種要求單一種族由遺傳、生物上的族群角色轉
變為政治角色的過程，是一種單民族國家的操作模式。

近代以來，國家系統或國際體系的形成，是以民族國家
之建立為主要方向的，而這也成為後來型塑國際政治關係的主
要架構。而在這種架構的制約下，對沒有成為國家的地區之種
族、族群造成了極大的認同凝聚壓力，因此形成國家也成為這
些種族或族群努力追求的目標，國家的建構成為立足於國際政
治舞台上的首要之事。

另一個值得我們注意的事實是近代民族的發展與資本主
義的發展可謂是亦步亦趨的，資本主義的擴張是以主權國家為
載體，資本主義的擴張與主權國家的勢力擴張息息相關，故國
家的概念與資本主義的確立與發展是密不可分的。

西方民族主義的發展可謂是歷經一場戲劇化變化過程，
並且與進化主義的目的論式的史觀結合在一起，即是認為只有

一個地區的族群可以組建成民族或國家的演變發展,才算得上是一種進化的表現,故族群組建成民族或進一步形成民族國家,才是代表了一種進步、進化的意涵。這一觀點明顯的表現在黑格爾的《歷史哲學》中;將民族當成是絕對精神的體現,把民族國家的出現,當作是絕對精神代理者的重要表現。黑格爾在《歷史哲學》裏更強調:組建成民族或民族國家才是進步的。這種黑格爾式的論述後來被轉變為替西方民族國家演變成帝國主義的辯護支撐理論。

黑格爾的這種進化主義的史觀,後來又與達爾文主義相結合而被轉化成社會達爾文主義。社會達爾文主義者認為無法形成民族或國家的族群,是一群「沒有歷史」的族群,需要靠其他已經發展的先進民族國家來幫助其形成歷史,這種觀念為帝國主義的形成提供了理論基礎,也形成後來帝國主義擴張的歷史悲劇。我們或許可以反思,要拯救所謂的「歷史」本身,要面對/批判的癥結點就是這種進步史觀式的民族國家論述,唯有解構/取消這種民族或民族國家為基礎的歷史,才能真正的挽救歷史的發展。可以這麼說,在古典意義上將民族或民族國家之發展是一種民族性的表現,是絕對精神的體現,將民族/民族國家的發展/建構朝與現代性連結在一起,將民族/民族國家的發展視為是一種現代性的體現。然而,綜觀現代歷史,很多論者認為,民族或民族國家的發展是一種帶有辯證悲劇性質的過程,故認為應該放棄以民族或民族國家為中心的思考模式,才能避免悲劇的重演。換言之,不需要為歷史的發

展找到任何應然／必然的發展路徑，「歷史」自會發展出其歷史。

　　民族國家之發展是與以西方為中心的資本主義發展緊密結合的，資本主義的全球化擴張性發展乃因為依托著民族國家之發展而成為可能，民族或民族國家成為資本主義發展的槓桿與動力。資本主義具有一種非人格化的與跨地區化的市場機制存在，有一套自身的運行邏輯，因此使資本主義全球化成為可能。

　　資本主義的擴張使世界成為一個整體結構，民族或民族國家成為這個整體結構下的一環，成為這個總體結構下的組成部分。在民族或民族國家自身的發展邏輯下，是希望得以建構一個以民族或民族國家為中心的國際政治體系，這一點與資本主義的全球化發展的運行邏輯是不同的。故在這種全球化的整體架構制約下，全球結構與民族國家兩者形成一種辯證的關係，影響全球的政治、經濟發展。在全球化浪潮下，民族或民族國家是否仍能按其自身的邏輯持續發展，頗值得令人玩味。

　　以國家主義為中心來看待世界體系運行／發展的方法論，在全球化的衝擊下面臨嚴格的衝擊與挑戰，國家所扮演的角色和屬性都在悄悄的改變之中。而新現實主義的興起，正是由於正視到此一事實，引進全球化下的結構制約的概念來取代之前的國家中心、國家至上主義，調和在全球化時代下的全球架構／國家分子之間的作為與行動。

　　在歷史中「民族」與「民族性」的掛靠在一起，是伴隨

著十七、十八世紀時對「民族性」的型塑與建構而由一種生物學上的意涵轉變成一種政治學上的論述模式，對民族性的型塑與建構很大程度是伴隨著人民主權和國家主權的觀念同時出現的。人民主權這一觀念的出現，使得人們開始思考「人民是什麼」，是什麼樣的因素使人民願意成為主權的承載者？國家主權觀念的出現則是對當代民族和民族國家的組成有極大的貢獻，它代表的是一種非人格化權力的追求，是一種擺脫封建主義束縛的表現。也因此，在人民主權和國家主權的思潮激盪下，民族成為主權的承載者，主權是民族認同的政治符號與政治表現，而國家是體現民族集體意志的終極表現。

　　然而，我們必須指出一個事實，即民族這個概念，其實是一種被「想像」／「建構」出來的族群。民族之所以成為可能，是因為通過有意義的語言、文學為基礎的傳播手段來達成的。最初的民族主義之所以出現，是因為提供了人們一個共同想像的歷史與集體記憶，民族透過了這一種建構的過程才形成其意義。同時，在這個基礎上，民族是一個虛擬的社群，這個社群透過一種彼此認可的信念，形成一種彼此間相互信任、相互承認的一種共同體，並因此而生活在一起。

　　民族通過上述的想像創造，建構了共同的歷史和集體記憶，進而將此共同的歷史與記憶當作民族共同的民族性。此一作法，基本上賦予民族一個倫理性和道德性的性格，民族因此而成為一個「倫理」的社群。

　　民族內部也會因為通過具體所在的地理位置區域而連結

在一起，任何民族主義的訴求皆會將民族與具體地理區域連結在一起，即通過以實體領土為基礎而延伸出來的主權作為民族與國家的連結，故民族成為一個具有「政治意涵」的族群。

通過賦予民族擁有共同的歷史記憶，使其具有共同的公共文化空間，共同公共文化，即民族成員對同一群人何以可以共同生活的理解，共同的公共文化成為對民族的規範與制約，故民族成為「文化」的社群。

所以當我們在探討民族相關的問題時，不應僅由國家主權、領土因素、文化向度來看，這些雖然都是重要的觀察面向，但卻不能涵跨民族的整體意涵。民族應該是建立在一種具「實踐性」上的概念，是通過以實踐為基礎的一種群體。儘管這種實踐群體是被以想像所建構出來的。換言之，通過以政治、主權文化向度上的實踐，民族是作為一種實踐群體而存在。

啟蒙以來，民族國家作為一種國家建構的基礎觀念，是民族主義訴求的最終目標。而這裏所指的國家定義，是以西方為中心取向之國家。但十九、二十世紀以來，民族擁有獨立於國家之外的邏輯與生命，並不以建立國家為其終極目標。而在這種邏輯下，近百年來的國家建構也未必全然按照以西方為中心的民族國家定義進行的。

啟蒙以來，在主權概念上存在一個很大的化約，即將人民主權與民族主權混為一談，同時也將人民自決和民族自決的概念混為一談，將人民直接等同於民族，故極易走向各形各色的民族國家之建立，走向民族國家主義的道路，最終則是以建

立狹隘的民族國家為依歸。也因此,「沒有民族的國家」實際
上是近百年來歐洲國家的型態,但卻都形成了無形且強烈的民
族意識。

二、中國認同的建構

　　二十世紀中國在發展的過程中無可避免的也要面對「民
族認同」這一棘手的問題。長久以來,中國是以文化主義、民
族主義來操作集體認同的問題,即塑造優越的中國文化傳統,
從中國文化的優越性出發,繼而形成了以中國(中華、華夏)
為中心的「中國中心主義」/「華夏中心主義」的認知系統。
此一認知系統具有一種自我優越感,將其他非中國地區的文化
視為不存在、落後或甚至不能稱之為文化,故而在面對外來異
族的入侵時,往往認為可以用自身的文化來同化或使敵人屈服
而達到「四夷來朝」的目的。同時中國文化也塑造出一種長期
效忠某個政治對象的依據,這種效忠對象的依據是以其是否代
表中國的傳統的文化道統,而非視其種族的組成為何,對共同
文化傳統的繼承與發揚背後所代表的精神就等於是種族血緣
的認定,所以「同文同種」一直是中國區隔自我與夷狄之間的
判準法則。然而在五四運動以後,這種認知系統遭受到嚴厲的
質疑與挑戰。
　　五四運動使中國在認同上經過了一番掙扎與轉向,即是

由文化認同主義轉變為民族認同主義，同時又進一步形成由種族觀念轉變為國族的觀念。這種觀念要求中國人由種族進一步組建成國族或民族國家，即是把中國人由以血統、遺傳的區別方面轉而成為以歷史發展、現代化角度來處理國族問題。這是一種進化主義、進步主義的觀點，但是與進化主義不同的是，中國提出世界大同這一終極理想來避免中國的民族主義重蹈西方帝國主義的悲劇，中國將這種理念視為是「王道思想」的表現，以有別西方的霸道／帝國主義思想，這個思想在中國近代歷史發展上占了一個重要的位置，特別是在中共發展受挫的時候，毛澤東適時的以民族主義的訴求為中共的發展找到了另一個出口。

毛澤東在一九三五年之後，將中國從「以階級鬥爭為綱」的革命方向轉變成以「民族解放」為主的革命方向。民族主義的概念自中共建政後至鄧小平主政期間的種種轉折，對中國共產黨取得政權具有很重要的影響。乃至於現階段的中共處理問題仍是以民族主義作為號召，通過愛國主義的口號來凝聚人民的向心力與認同感，尤其在處理對外關係上或國際事務時，這是中共從毛澤東時代一直延伸到後毛澤東時代的一貫操作模式，對民族主義的重視，一直以來就是中共習慣使用凝聚內部和抵禦外人的不二法門。

毛澤東在建政後，走的是革命社會主義的道路，這是一種以群眾運動作為槓桿，用民粹主義為基礎來解決中國人的集體認同問題的一種極端的民族主義的方法。毛澤東要求中國人

和資本主義世界體系一刀兩斷，以塑造自我意識形態方式來處理認同問題，讓中國人認為自己是屬於社會主義陣營，並且未來還要向更成熟的社會主義邁進，中國人有能力來決定自己所要走的道路。同時通過一些事件和輿論將蘇聯塑造成社會主義陣營中的「他者」，通過與蘇聯的對抗和論爭，讓中國可以在這個過程中逐漸呈現出一個清晰且完整的自我形象與道路，解決了中共建政後的認同危機，為中國的集體認同找到了出路。

中共對民族認同的運用，基本上可以分成三個時期來看：在延安時期的統一戰線操作模式，是以對民族認同的操作當作該階段最重要的政治工程。民族認同被認為應該優先於階級認同，這一觀念上的轉變對後來的國共內戰形勢的消長影響極大。到了中共取得政權從事社會主義改造建設以迄大躍進，大致上都沒有什麼改變。

第二時期是革命社會主義階段，毛澤東處理中國人的集體認同問題，是同資本主義徹底切割開來的，將代表資本主義的西方國家視為「他者」；在透過與蘇聯的論戰、鬥爭同時亦將蘇聯視為另一個「他者」。利用將兩者皆視為「他者」的方式來表現自我民族主義的操作，告訴中國人有別於這兩者的社會主義陣營的身分，毛澤東並且希望藉由此將民族主義與階級鬥爭結合起來，但後來的發展在實際上卻是階級鬥爭的操作常常大過於民族主義的訴求，而釀成類似文革般的悲劇。

第三時期是後毛時期的民族認同，最主要是針對文革時期的認同問題做出修正與重建，一般認為文革時期最大的傷害

來自偶像崇拜、身體崇拜、神格化崇拜，使中國人走上個人化的權威操作處境，所以在此時期的首要之務便是要求群眾走出這種個人崇拜、偶像崇拜的迷思，重現作為一個人所擁有獨立主體性與自我的個體獨立性。這等於是中國人「再啟蒙」的一種必要步驟，使人重新由個體主義、自由主義去理解認同的意涵，找尋認同問題的答案。

在八〇年代，中國大陸的知識分子便曾重新討論馬克思的「異化論」，認為馬克思在異化論中所呈現的是一種人道主義，是一種向人性復歸的表現，也是一種向個體性復歸的表現。藉由對異化論的探討重新尋找人的自我價值與自我定位的問題。這個時期被視為是中國的第二次啟蒙運動時期，因為這是繼號稱中國第一次啟蒙的五四運動後，又一次知識分子在思想上的大反思。

八九天安門事件的發生則被視為是這次啟蒙運動的失敗。其後知識分子的思考方向有一大部分轉入了「後」學的領域，這些後來的知識分子認為八〇年代的知識分子太過於強調個體性的獨立性，而陷入了一種本質主義的困境中，由於太過於堅持抽象的個體性與人性的價值，才會因此導致了天安門事件的悲劇，天安門事件的悲劇其實是暴露出本質主義掛帥的錯誤。九〇年代的後現代主義者認為，由對文革時期的具體個體／個人崇拜掉入另一種抽象的個體與人性價值的強調／復歸，事實上只是由一個極端往另一個極端移動，只是由一種新的本質主義取代了舊的本質主義，要走出這種困境，唯有用一

種去本質化、去中心化的角度來看，才能真正走向符合現實局
勢的正確的認同道路。

　　最近中國大陸的知識界又開始對這種「後」學的觀點產
生質疑，認為這種去中心化、去本質化的後學理論只是讓認同
問題變得自由與放任，根本沒有解決認同的問題，這只是一種
虛無主義式的觀點，又是一種相對的極端。總的來說，對於未
來認同問題應該如何處理，中國大陸的知識界正掀起一陣大論
戰，相信會是再一次啟蒙的開始。

　　後毛時期的民族認同問題我們亦可以由國家取向的角度
來看，把「文革」當成是一個反面教材，在解決認同問題的處
理上，是要能擺脫毛澤東時代的人格化權威而重建非人格化的
權威，即是一種制度上或法理上的權威，其操作模式則是依照
「國家民族主義」的操作邏輯來思考。

　　後毛時期的中共遵照威斯特法利亞條約的主權模式來解
決國家民族主義的問題，讓主權作為一種非人格化的權威來作
為中國人集體認同的政治象徵或圖騰，解決了文革時期的錯誤
認同。「十二大」時提出「建設有中國特色的社會主義社會」，
解決中國人的集體認同迷失的困境，讓中國人重新形成一種二
元架構下的認同觀，即是類似如中國特性相對於西方特性、中
國取向相對於西方取向的對照關聯性。這是一種本質主義式的
操作模式，但卻是在為了擺脫文革陰影下所不得不為的集體操
作模式。另外開始要求回歸中華文化，要求中國人記得其所擁
有的共同歷史記憶、文化，希望藉由這種對共同的過去性的回

歸，可以跨越文革的災難記憶與障礙而共同創造未來。這是一種「文化民族主義」的操作模式，藉由這種操作可以凸顯中國擁有與西方不同的特殊文化與歷史，透過這一種與「他者」相對照的差異，使中國人會產生一種共同的歸屬感，並由此產生共同的認同基礎。

中共在後毛時期之所以用這種方式來重新建立中國的民族認同，一方面是為了清除文革時期的負面認同，一方面卻也是為了因應資訊時代全球化下的壓力。中共現階段仍強力的要求新疆、西藏和西北地區必須認同中國、融入中國而成為一個大一統的中華民族中的一員。但相較於前蘇聯的瓦解，相信對中共當有一定的反思才是。

中共在後毛時代對於認同的建構，其實是趨向一種「反東方主義」式的思維模式，具體表現在其一方面藉由反和平演變、反資產階級自由化的口號來防止西方國家的思想體系與價值觀取代社會主義思維模式，一方面在面向世界發展的同時以建設有中國特色的社會主義來表示與西方資本主義國家的壁壘分明。換言之，中共在融入世界體系的同時，其實也不斷的在重複「自我東方化」的作為。

「自我東方化」的思維來自於東方主義（Orientalism，大陸譯為東方學）的啟迪，東方主義是由巴勒斯坦裔的作家薩伊德（Edward W. Said）所提出來的，核心概念有三點：一是西方藉由對東方主義的操作而解決了認同問題；二是西方利用東方主義來表達出相對於非西方的優越性；三是東方主義的後設

操作是建立在西方中心主義上的。薩伊德提出東方主義的意涵並不是強調有一個真實的「東方主義」或「東方」存在，而是透過東方主義來批判西方如何在西方中心主義下將西方與非西方對立起來，從而建構出西方的自我優越性。

　　薩伊德的東方主義是針對西方中心主義而提出來的，目的是在解構西方中心主義，同時也對西方中心主義下所產生的現代性提出質疑，這是一種後殖民主義論述（post-colonialism）的批評。後殖民理論的提出，正是對西方中心主義的一種反思與批判。在西方中心主義的邏輯思維下，西方的歷史發展、觀念和價值被當成是一種放諸四海皆準的普世價值，西方的現代性被當成是一種邏輯發展的思維模式。後殖民主義批判這些看法，以一種反對西方中心主義、反本質主義的訴求來企圖走出一條擺脫西方中心主義思維下的道路；西方國家的發展歷史不代表一切國家必然的發展歷史，西方的價值也不是普世的真理。

　　薩伊德在東方主義的論述中，以其敏銳的觀察和嚴謹的考據，通過自身為第三世界國家人民在西方生活所形成的思維來反思西方對東方的認知、建構、想像與再現（representation），從而批判在西方中心觀下所形成的「東方」，即「東方化」的東方，這種東方是一種為表現西方優越性與歷史感所型塑出來的對立面。「東方主義」乃是一種對「真正東方」的誤解與扭曲，它滿足的只是西方以自我為主體下的投射認知而已。

　　長久以來，西方一直將自己視為是世界的中心，而對遙遠且有距離的東方抱持著一種好奇、懷疑與揣測，對東方的認識來自片面的文獻與恆久不變的印象，當西方已經逐漸進入現代化的同時，東方仍是處在一種野蠻、落後和亟待開發的狀態，當西方自覺在物質和精神文明皆已經到達一定水平時，他們便開始對東方負有一種使命感，認為西方有義務且必須將東方納入現代化的行伍中，而這種現代化的標準是以西方為仿效的，東方自己是無法進步的，東方所擁有的一切相對於西方都是落後與愚昧的。西方用自己的眼光去衡量東方的一切，以類比的方式去否定東方的事物，換言之，在西方的眼光中，東方簡直一無是處。薩伊德便是用西方這種自以為是的心理來做批判，開展整個「東方主義」的論述架構。

　　「東方主義」是一種西方對東方的誤解，是一種西方對東方在研究方法論上一個十分嚴重的謬誤。簡言之，西方以自己為主體，在片面式的、有限經驗的、甚至是錯誤的觀察東方某些態樣後，透過自我的想像與建構，再以西方為主體的觀點下建構出一個「西方眼中的東方」來，並將其視為真正的東方，所有有關東方的一切，舉凡政治、文化、學術、社會莫不依循著這種觀點來開展其後的論述或研究。正是在這種方法論上的謬誤，使得西方眼中的東方只是一種想像、一種西方中心觀下的「東方再現」，與真正的東方相去何止千里。在東方主義的論述裏，東方的主體性全然消失，東方成為依附西方存在的客體，而且是落後且靜止的，在「東方主義」的架構下，西方代

表的是進步與動力,「東方」的存在只是為了襯托出西方的自我。在這種二元對立觀點下,東方是永遠沒有主體、永遠不被當成重視的對象的!

　　薩伊德的東方主義雖是針對「西方中心觀」所做出的批判,但薩伊德卻無意建立另一種「東方中心觀」,這一點在他為一九九五年版所做的序言中講得很清楚,他強調自己是一個「反本質主義」者,他自認並不想、也沒有能力告訴別人東方是什麼或東方與西方的差異為何,薩伊德十分反對人們將其東方主義看成是另一種本質主義的堅持,他的目的只是要解構西方中心觀下所產生的世界圖景,但並不想建立另一種東方中心的世界圖景,解構任何本質主義與中心觀才是其核心思想。

　　薩伊德的東方主義很容易被轉換成一套民族主義或種族主義情感宣洩的工具,這種情感的宣洩與投射使東方主義論述產生變體,成為另一種形式的本質主義的辯護工具。反西方中心主義的訴求很容易便淪為另一種極端的本質主義,特別是在面對文化和身分認同的建構時,藉由對「我」與「他」的二元對立,預設出一種純粹的、絕對的民族性、文化性的存在,這種本質主義的操作透過一種想像與建構,可以塑造出一種自我的身分認同。換言之,在西方中心主義的思維下,西方建構出一套面對東方時的東方主義話語系統,這種西方與東方、西方與非西方的二元對立悖論式架構,在轉了一個彎後,成為以東方中心主義下的思維模式,仍是另一種二元對立的悖論式架構。從一個極端走向另一個極端。由西方本質主義走向東方本

質主義。一些非西方國家由後殖民主義的批判出發，卻使自己也同樣落入了另一種後殖民批判所要批判的對象。

八〇年代以來，中共在反和平演變、反資產階級自由化、建設有中國特色的社會主義社會和走向世界的思維下，採取一種「中國學」的操作模式來建構中國人的民族認同與國家認同。「中國學」指稱的是對中國特性的論述，凸顯中國與西方的不同之處，特別是在文化與歷史的發展上。同時也強調西方是沒有能力真正瞭解中國的，只有中國自己才能真正瞭解中國。這是一種類似於由對東方主義觀點所延伸出來的自我中心觀，是一種後殖民式的論述。值得注意的是，西方以東方主義論述來化約非西方地區的圖象，除了區分出「我」與「他者」來強化自我認同外，並由此形成一種西方中心主義式的世界觀論述。但中共目前尚沒有能力做到以東方中心觀或中國中心觀的論述來影響西方對中國的看法，所以這種「中國學」的論述模式很大程度是在認同問題上對西方中心觀的反思，最重要的一點是在解決和重新建構中國的自我認同。

在後毛澤東時代，中共走向一種「自我東方化」的道路，在東方主義的理論架構下，利用對「西方」的論述來凸顯出中國有別於西方這個「他者」的特性。中共在「自我東方化」的過程中，利用西方的東方主義論述，形成了互補互賴的辯證關係。以西方作為對照，來界定與釐清自己的民族身分。西方這個「他者」的概念在後毛時期成為解決中國集體認同危機一個不可或缺的條件。同時就西方而言，面對一個正快速發展的中

國，亦成為其面對自己時一個不可或缺的「他者」。東方與西方兩者成為一種相互保證的共謀辯證關係。

所以，後毛時期中共解決認同危機，是利用想像建構一套具中國特性的論述，目的在縫合文革時代造成的階級之間、民族之間、種族之間的裂縫。以建構中國人民一貫且一致的身分認同，同時透過上述建構中國特性的過程做基礎，才能使中國得以真正的走向世界、面向未來。將世界繼續當成觀照中國自身發展的一面鏡子，用以凸顯建構中國特性的必要性和重要性。後毛時期的中國透過東方與西方、世界與中國的辯證方式，強調面向世界、走向世界來重新建構中國民族主義，藉由面向世界、走向世界來理解自己，重新找回自己，並重新認識自己。

這是一種將西方的東方主義論述與中國的自我東方化相結合的進一步延伸。

中共對西方東方主義的論述與自我東方化、並與面向世界相結合面臨到幾個問題：首先，在想像建構中國特性的論述與面向世界的同時，面對全球化的壓力下，確實面臨了嚴重的認同與身分危機。所以必須回歸到訴諸於「有中國特性」的依據上，因而產生了類似「中國可以說不」這類偏激、帶有強烈大中國色彩的著作出現。

其次，知識界和出版界在處理這類問題時，很多時候並不全然按照官方的邏輯在操作，更多時候是依照著市場邏輯在操作著東方主義或中國學，藉由東西方之間的差異，全球化浪

潮所造成的一體化要求反而凸顯出不同區域間的文化差異與
特性。這種差異與特性反而成為一種商業行為中的「賣點」，
西方的文化工業和文化商業在全球化時代非常積極的抓住非
西方的異國情調或神秘色彩而將之成為一種賣點，中國學無疑
是一種極佳的「商品」。一如第五代導演張藝謀和陳凱歌的電
影，如「霸王別姬」、「風月」、「荊軻刺秦王」等片，皆是
在這種情形下被成功的引進了西方市場。中國學的論述不再是
知識菁英的權力，也變成了一般人閱讀或觀賞時候的消遣對
象，「中國學」成為一種商品，被輸出到中國以外的世界各地。
而這種商品化的中國學論述，更擴大了中國自我東方化的邏輯
效應以符合市場的需要，這是國家機器無法抵抗的趨勢。在面
向世界時強調中國特性用以重構中國自我認同的同時，卻也使
自我東方化的中國學論述成為市場機制運作下一種商品。這是
中國在操作東方學論述時所難以避免的。而這種文化上的差異
與特性也成為在全球化機制下，西方由現代主義向後現代主義
轉折的重要槓桿。最近高行建的文學著作《靈山》獲得諾貝爾
文學獎、乃至李安的「臥虎藏龍」在好萊塢大放異彩等，都是
這種機制操作下的例證。

　　知識分子或出版業在國家機器自我東方化作為政治工程
的同時，將之當成一種經濟範疇的商品來販售，已經是一個不
爭且不可逆轉的事實。而中共在自我東方化的基礎上面向世
界，才能將傳統文化與西方文化又區隔又融合而產生一種本土
化與中國化特性。不僅是重建民族主義，也重建了民族自信，

更重要的是透過民族主義與民族自信將西方與傳統都給「中國化」了。

中共將傳統文化與西方價值一起中國化,一方面在堅持中國特性展現出自我的特色,另一方面又能積極參與全球化的發展,並由此解構了以西方為中心的全球化。中共藉由這個中國化與參與全球化的過程告訴中國人民,全球化不是西方人的專利,中國人也有權參與;全球化不該再是西方的全球化,而應該是中國的全球化。中共的這種作法,也因應了九〇年代後天安門事件時期進一步改革開放的需要。

有一個有趣的例子在這裏可以提出來討論,就是中共對同屬於亞洲體系的日本定位問題。九〇年代以來,中共在面對西方國家時,用西方的東方論述邏輯以及自我東方化的邏輯,將兩者融合在一起形成以中國為取向的東方論述。即通過中國與西方的區隔以凸顯中國的特殊與優越,藉以平衡中國的落後相對於西方的優越感,中共在面對西方時用的是自我東方化,在面對東方或非西方時用的是中國的東方論述,兩者同時操作。故西方的東方主義與中國的自我東方化形成一種共謀共生的辯證關係。但也因為如此,使中共在面對日本時,便難以用上述的邏輯來操作,無法為日本做出明確的定位。對中國而言,日本雖是一個東方國家,但也曾經同時擁有西方國家的資本主義和帝國主義的特質,所以中共在處理對日本的認同問題時相對顯得捉襟見肘。故只能以日本曾侵略中國,必須加以道歉,而難以將日本定義成西方或非西方國家。同樣的,日本在

面對西方時，由於也是進行自我東方化而形成了自己的東方論述，所以在面對中共時，亦難以將其定位為西方或非西方國家。

在處理認同問題時，台灣與中國和日本相同，走的也是一種自我東方化的道路，特別是在經濟發展快速的同時，自我東方化的情形也愈嚴重。但中國和日本可以用中國論述和東方論述來與西方論述作抗衡，台灣卻由於獨特的歷史尷尬地位，使它無法在面對世界、面對中國時產生自我獨立的民族認同；當台灣在面向西方或非西方世界時，他是該以中國特性或台灣特性來作自身認同建構的理論依據，要建構的是一種中國意識或台灣意識。再加上台灣曾經被日本殖民過，中國化、日本化和台灣特性三者同時存在，更造成台灣人對自我認同建構的複雜度與難度。台灣雖然也想要從事自我東方化的工作，但論述台灣特性的「台灣學」或「台灣論述」在建構上困難重重，無法成功的發展出來，故造成台灣有相當程度的認同危機，甚至有學者質疑台灣是一個「沒有民族的國家」。

三、資訊時代下認同的解構與重構

資訊主義的興起帶動了全球化浪潮的快速發展，全球化一方面代表人類往現代化發展、現代性登峰造極的表現，同時卻也是人類開始對現代性產生反思，而使人類由現代性向後現代性轉變的表現。人類的主權觀念由現代主權轉向後現代主

權，認同也由現代主義的認同觀轉向後現代主權的認同觀。

　　在資訊化與全球化的世界浪潮下，國家主義與民族主義的內涵也必須做出調整。民族主義下所強烈要求必須形成民族國家的迷思已逐漸被解構，未來要求具有民族自決權利的民族主義但不建構民族國家的訴求，在二十一世紀應該將持續存在且逐漸成為主流思潮。由傳統強調建立主權國家的國家民族主義轉換到文化民族主義，主權的範疇將成為重新爭論的焦點，其內涵、價值、意義都將重新被考慮，而傳統古典的絕對主權的概念將被取代掉。換言之，以民族認同為核心所建構／型塑出來的種種概念，在全球化、資訊化的洗禮下將不再具有絕對的權威性與獨占性，而具有多元性質的詮釋與發展。

　　我們舉前蘇聯的例子來做說明：前蘇聯是以國家民族主義為其發展道路，企圖要求境內各民族跨越種族的差異，效忠蘇聯以建立大一統的民族，但這種國家民族主義事實上卻無法做到這一點，無法真正的建立一個大一統的民族。因為民族雖然是可以被想像、創造與建構，但卻不一定能讓人相信而產生預期的效果。蘇聯雖然努力的試圖將民族間的差異消弭在一個大一統的民族訴求下，但卻無法真正的將各民族融入蘇維埃的政治體制內，所以當前蘇聯瀕臨解體的階段，其各民族仍是以民族主義為訴求，號召各民族脫離蘇聯，成立各自的民族國家。在這裏所指的民族主義的訴求，已經不再像是古典的民族主義以建立一個大一統的民族國家為目的了。蘇聯解體後各民族間的民族主義，是以人本、個體的角度出發，目的並不是要

建立國家，而是為了回歸到個人的認同，對過去民族間歷史、宗教、族群以及所屬的家族間的認同，這是一種個人化、內在化的表現。這種訴求也正好與全球化、資訊化制約下所產生的多元認同的方向不謀而和。各民族在蘇聯解體後成立獨立國協，獨立國協間的互動，也正符合的區域整合的需要，與全球化的要求符合，形成一種互賴主權的運作模式，傳統絕對主權的觀念不再被堅持，甚至被揚棄。

有學者認為，前蘇聯的形成，是工業主義發展到最高階段的表現，但是隨著世界局勢的變遷，資訊主義與全球主義的潮流取代工業主義，蘇聯無法適應這種形式而做出應有的改變，故逃不過被解體的命運。後蘇聯時期的各獨立共和國所組成的獨立國協，則是為了順應此一時代趨勢所發展出來的。

歐盟的出現也是基於同一出發點。西歐為人類由工業主義過渡到資訊主義的先驅，在這種過渡發展的過程中，西歐和北美各自在其範圍內形成了以電訊科技為中心的資訊領域，各自形成了自己的資訊網絡，而這些資訊網絡領域都是無實體疆域界限的。在這種情形下，雖然各自的民族認同亦強調本身的自主性，但對傳統的威斯特法利亞條約下所發展出來的絕對主權觀念亦不再被強調，取而代之的是一種互賴主權的觀念。

前蘇聯雖然透過強制統治權的操作，但卻無法建立一個真正大一統的民族國家，最後仍免不了瓦解的命運。所以民族的觀念雖然是可以被建構的，但卻未必會被接受。在全球化的架構下，國家的建立和民族未必有必然的邏輯上的關聯，兩者

之間的結合必然性正逐漸式微當中。利用民族建構國家的觀念正被逐步瓦解，沒有國家作為依托的民族正逐漸出現。如英國般的共享國家的多民族與如兩韓般的共享民族的國家的出現。

　　傳統的認同是建構在民族主義的訴求上的，藉由彼此間種族、文化、語言之間的差異來凸顯出自己與他者間的不同，由此找出了自我的定位，也形成了認同的主軸。但在全球化、資訊化的時代，超越了地理疆域的限制，使得以傳統固有地理疆界來做區隔的民族國家概念遭受挑戰，連帶影響到對民族概念的界定。傳統民族國家的概念不再被視為組成國家的前提，而民族認同也在後現代思維下被當成是一種建構。民族與國家的觀念都在逐漸被轉變當中，認同的內涵自然也隨之轉變。

　　資訊化時代的空間衝擊下，空間不再依托於實體的物理基礎上，不需要具體的物理環境做出相對應，空間成為一種流動的概念，由傳統物理學的角度很難理解這一概念。空間跳脫了以往以民族國家為基礎的屬性，也擺脫了以地理疆界為區隔的屬性，傳統的領土概念遭受到嚴厲的挑戰。資訊時代下的時間概念亦擺脫了以民族國家為基礎的概念，不再是以地理上的區域時間來做區隔（如美國時間幾時幾分、台北時間幾時幾分），擺脫了傳統時間序列的時間觀，歷時性的時間觀被揚棄，形成了共時性的多元時間觀念，進一步改變了傳統的歷史觀。以往的歷史是被視之為「過去性的」（pastness），未來的歷史將是過去、現在、未來結合在一起而共存的，故傳統的時間觀中的前後、古今、現在未來的觀念將被解構。在空間上，人

類由「舊人類」變成「新人類」;在時間上,世界由舊世界變成新世界。世界圖景因此而全面改變,這種改變也將影響到對「認同」的重新定義。

在全球化、資訊化的時代,人的生命空間和生命能力實踐的範疇在資訊科技主義下被大大的提升了,人同時面對著許多面向的生活角色,這些角色彼此之間甚或是在同一象限中交互出現的,於是一種全新的認同觀念「多元認同」取代了傳統的單向認同。在全球化與資訊化下,跨國企業、非政府組織有時比一般正式得政府組織更能引起人民的認同,也同時造成個人身分的多元化。如一個人可能是台灣人民,同時也具備美國綠卡,又是某個德國大藥廠的香港分公司總經理,這種複雜且在同一象限──都是在國家認同面向上──出現的多重身分,已不是如傳統社會學上可以簡單以一個人同時扮演兒子、父親、丈夫等不同象限的說法所能涵蓋,其不同身分間的矛盾與衝突也更加劇烈與複雜。

同樣的,在資訊化、全球化下,人們甚至可以自由選擇自己的效忠或認同對象,如一個人雖然出生在中國大陸,但他卻可以由出國留學或其他管道接受西方的價值觀從而對自己的國家或民族產生抗拒,而認同西方的生活模式與價值觀。一個生活在中國大陸的人,可以加入法輪功這個由中國人創辦,現在已經成為世界性團體的宗教組織,雖然這個宗教組織是被中國政府所反對的,但人民可以透過網路或其他資訊來瞭解它,並與其他世界上認同這個團體的人形成一種對法輪功組織

的集體認同。國家機器的干涉力量無法真正的介入或改變民間
人民所塑造出來的、有別於官方的自我認同，官方所塑造出來
的認同，已經愈來愈沒有辦法說服人民，甚至與人民之間塑造
的認同彼此矛盾，進而產生官方認同與民間認同疏離、脫節的
現象。這種現象有人認為代表中國大陸內部形成市民社會的力
量正隱約成形。

　　市民社會長久以來一直是被視為是相對於國家之外的一
個獨立的公共領域，是國家力量所不能滲透、掌控的一塊。當
一個國家機器十分龐大時，市民社會的存在空間便會相對縮
減，人民自己的活動領域、活動空間便會相對減少。

　　但在資訊化、全球化之下，市民社會的空間概念是以「全
球化市民空間」而呈現的，不再是一個國家機器所不能掌握的
那一塊，透過網路世界，市民社會在網路空間裏成為一個虛擬
但卻真實存在的空間，它在實體世界中所受的限制在網路空間
中獲得解放，並且大大的延伸傳統市民社會的時間與空間概
念。在這種情形下，市民社會的概念被重新定義，其作用不再
只是消極的獨立於國家機器之外，而是可以積極的獨立存在甚
至與國家機器交互作用。舉例而言，法輪功的學員或許在中國
大陸內部受到國家機器的壓迫，而在表面上否定對法輪功這個
組織的認同，但卻可以透過網路在世界其他國家的法輪功學員
身上建立新的認同，而且這種集體認同是世界性的，是國家機
器無法全面干預的。是一種的市民社會的力量的展現。

　　在台灣也有這種相類似的矛盾，官方所塑造出來的「中

國意識」或「台灣意識」在很多時候根本引不起一般人的興趣
與認同感，更多人寧可以非政治取向、非民族取向的定位來作
自我認同，有時甚至是以階級、宗教、興趣來做認同的依據，
如一群喜歡投入公益事業的人，對慈濟的認同感遠大於是「中
國人」或「台灣人」的爭論；喜歡看布袋戲的人，有一個「霹
靂家族」可以交換彼此之間的心得與想法。有些認同來自自己
所處的階級或位置，如是屬於「企業家」或是「勞工」。這些
認同的重要性自然無法與國家認同或民族認同相比，但在這些
認同之下，國家認同與民族認同的重要性與絕對性也不若以
往。

　　全球化、資訊化所發展出來的科技主義，很大程度仍是
通過以資本主義商品邏輯為載體而擴張到世界各地的，認同在
資本主義商品邏輯的操作下不但成為一項賣點，而且也在成為
一種商品的同時，塑造出另一種全然相反的認同內涵來解構認
同自身，兩者成為一種邏輯的辯證發展關係。當中國凸出自我
在文化和歷史上與其他國家不同的差異時，事實上業已具備了
使其他國家的認同入侵中國的可能，而這一切皆可以透過商品
化機制來操作。舉例而言，當中國將自己的孫悟空上國際舞台
的同時，日本的皮卡丘、英國的凱蒂貓、美國的米老鼠也同時
進入了中國，甚至如日本將孫悟空做另一番包裝後變成七龍珠
再「還給」中國，中國的花木蘭也在好萊塢電影的包裝下成為
西方家喻戶曉的人物，日本的「庫司拉」成為美國好萊塢怪獸
電影的新寵兒。這些「商品」在彼此流通的過程中，逐漸變成

每個國家共通的語言與文化，不再有人太過於關心這些商品的來源與特色，並且用自己的文化去抵制。全球化與本土化這個嚴肅的議題成為知識分子與政治菁英之間的彼此對話，一般人並不關心也不在乎。認同的問題在商品化的機制下逐漸被淡化，甚至消失。儘管許多知識分子憂心這種現象，但這已經是一種時代趨勢。

　　知識分子之間其實對認同問題也存在截然不同的處理方式，人文社會學科方面的知識分子會為了自身文化特性的被取代、融合甚至消亡而憂心忡忡，大聲疾呼要重視全球化下本土化消失的問題。但科技菁英可就全然不是如此看了。透過電腦網路和資訊科技的發展，許多人類以往能力所不能及之事，現在都可以迎刃而解，舉凡資訊科技、生物科技、醫學技術、物理化學方面都獲得長足的進步。人類數千年歷史發展下來所難以達到的夢想，在短短的數十年中獲得了實現，這全是拜資訊科技全球化發展之賜。科技菁英所關心的是人類與自然之間的問題，一如經濟菁英關心的是商品的流通與財富的積累，對認同問題一向便認為是政治範疇的事，特別在資訊化、全球化下帶動了整體科技的發展與經濟規模的擴大，科技之間的跨國研究計畫、經濟間的跨國企業與跨國產業的運作，更使認同問題在這些菁英的腦海中成為不重要，且將之視為是政治權謀操縱下的無謂之爭。

　　資訊化、全球化的邏輯運作下，將認同觀念導引到一個「地球村」的概念，並且以環保組織、互助的非營利團體、跨

國集團來取代傳統以國家民族為基礎的認同,重新建構個人在
身分認同上的定位。並且藉由世界一體化的概念導出以地球整
體來取代單一國家的認同意識。這種思維邏輯再加上商品邏
輯,藉由認同必須要由「我者」與「他者」之間的互相對立、
互相保證才能存在,於是將他者的概念放到「非人類」、「非
地球」的外太空去;愈來愈多的科幻節目和靈異節目出現,星
際大戰這一類題材的電影層出不窮。認同的概念由傳統建構地
理疆界和文化特性所產生的差異,轉變成以人類與非人類之間
的問題做基礎。

認同的內涵充滿了多元、無窮無盡和無限可能性。

四、結語:兩岸認同的未來

資訊化時代下的認同是多元的,同時也是充滿天馬行空
式的,每個人都可以在不同的向度上找到自己所想要的認同,
集體認同不再是可以任由國家機器操作與掌握的。認同的多面
向化與多元化,除了代表國家機器對個人的束縛力量不若以往
之外,也代表著在這種資訊時代的氛圍下,市民社會的力量也
愈來愈有與國家機器分庭抗禮的趨勢。

在資訊化、全球化下對認同所形成的另一項衝擊,便是
在由全球化與本土化融合下所產生的「認同混淆」或是「認同
錯亂」。本土化與全球化是一種相對的「我者」與「他者」的

概念，兩者是一種辯證存在的關係，但當本土化的東西與全球化合而為一時，對本土性的認同便會出現危機了。舉例而言，布袋戲是有中國特色的傳統文化之一，也是中國人相當引以為傲的文化遺產。但當傳統的布袋戲結合了西方的電腦科技與西方的聲光效果，內容不再以傳統的忠孝節義為主，而帶入了西方的橋段情節時，它是否仍是中國人眼中的傳統文化呢？還是如堅持傳統野台布袋戲的人認為這是舶來品的「金光布袋戲」，已經失去了真正的傳統價值？但無可否認的，金光布袋戲比起傳統布袋戲更有看頭，也受到更多人的喜愛與認同，但它是否仍是代表中國傳統則不無疑義。所以對這種受外來文化影響的傳統文化，在認同問題上也是有著難解的矛盾，傳統的民族認同／國族認同正逐漸的被這種多元認同所瓦解／取代，認同的議題不再是國家機器可以由單一面向來型塑／掌控的，國家認同的重要性也在這種多元認同中逐漸降低。

　　所以，「中國」這一名詞的歷史概念雖然是屬於兩岸人民所共有的，但卻未必能在這種全球化時代再為兩岸凝聚出相同的認同感，兩岸各自在面對全球化的同時不斷的強化自身的認同建構，但台灣建構的是「去中國化」的台灣意識，中國大陸建構的則是希望將全球華人皆囊括其中的「大中華意識」，特別是台灣，中國大陸更是堅持其所具備的「中國」身分。換言之，在這個資訊化、全球化時代，「中國」這一包含歷史、文化、血緣、地理位置等等的概念論述，遂在台灣與中國大陸之間造成一分難分難解的矛盾關係，使兩岸間的民族認同／國

家認同的解構／建構問題仍顯得十分曖昧難明。是台灣會先認同中國的主權，還是中國會先認同台灣的獨立？是台灣會先解構對中國概念的迷思而建構台灣自我主體意識，還是中國大陸會先解構台灣自我主體存在的虛妄性而讓台灣重新認同中國？相信未來仍有一段很長的路要走！

第六章
國家或全球：社會與非社會

換言之，全球化究竟是已經被歐洲權力全球化了的資本
主義現代性歷史的最後一章，還是另外即將以任何具體
形式出現的某個事件的開始，仍不甚清楚。然而，清楚
的是全球化話語是對全球關係不斷變化的結構——新的
統一和新的斷裂——的回應，同時也是把握那些變化的
一種新的認識論需要。

德理克──《後革命氛圍》[1]

「全球化」這個概念，目前已是耳熟能詳，但迄今仍有
很大的爭議、討論甚至混淆；不過，無論如何，它作為一個議
題，已經產生引起政治學家、經濟學家、社會學家、文化學家
等的高度關注和投入，他們分別從不同途徑企圖去解讀、分析
全球化，通過這些分析解讀，多面向的呈現「全球化」這個被
當是過程、現象甚至是實體的議題的內涵。

一、個體／總體：由系統到社會的國際觀

雖然迄今仍有人企圖從「國際化」的意義中延伸來分析
解釋、解讀全球化，把全球化當成不斷擴大中的國際化；不過

---

[1] 阿里夫・德理克（Arif Dirlik）著，王寧等譯，《後革命氛圍》，北京：
中國社科院出版社，1999 年，頁 5。

對「全球化」議題的關注和研究，基本上會衝擊、解構「方法論的民族國家主義」（methodological nationalism）²，研究分析不再是以民族國家，或簡單的講，以國家為單位，而傾向於全球當作分析單位，從全球作為一個整體架構，把握整體和部分，或整體中部分與部分的結構關係，進行政治、經濟甚至文化的分析，而就因為從總體性（totality）出發，研究者就不再是從直線的外在因果觀，而是從內在因果觀，同時也是辯證的因果觀去掌握分析事件與現象的形成與發展，換比較具體的說法就是，研究分析的參考座標不再來自民族國家間的區隔與對抗，而是順著全球／地方的對應雙軸延伸。

亦即，總體性替代了系統（system）成為分析研究的後設基礎，一般的國際政治論述認為，民族國家的行動和互動形成了系統，但系統的發展及其內涵，係由作為個體和基本單位的民族國家的理性選擇所決定，當然，由此所促成的「系統」又成為個體進行理性選擇的背景，而個體與系統的關係，則通過功能主義的角度來加以串連。系統既是順著國家取向而形成，那麼就會做出以下推論：有國家的存在才有系統的存在，系統是延伸性的現象。而以總體性作為系統研究的後設基礎，則會認為，總體先於部分而存在，有總體才有部分，亦即總體是作

---

² A. D. Smith, *Nationalism in the Twentieth Century*, New York, 1979. Ulrich Beck 著，孫治本譯，《全球化危機》，台北：商務印書館，1999年，頁 30-31。

為先驗的載體，但卻可以導引出部分或個體具經驗性的行動，個體或部分要先理解其在總體中的定位，然後再順著總體／個體或總體／部分的對應座標，去行動或互動。

　　由個體或部分行動或互動形成的系統，當然夠不上成為共同體（community），而且，更稱不上社會（society）；不過，反過來，共同體或社會當然可以被視為系統。從國家主權的外在向度的排他性，以及國家數目密度不夠大，一般的國際政治論述，一直沒有把國際關係視為一個社會。以國家為唯一的分析單位，有關的世界政治或經濟的論述，當然很容易會以國家數目密度不夠大，而無法把世界視為一個社會，但是隨著跨國互動與合作現象與範圍的擴大，市民社會的全球化，跨國企業、跨國非政府或非營利組織的發展所形成的全球治理格局的出現，再加上國內外政治的緊密的相互制約，和影響導致主權的運作必須從排他性向包容性的方向轉移等等。國家不再是唯一的行動體，呈現多元行動體的現象；而且，世界的運作也呈現多層次的方式在發展，必須將「系統」往「社會」方向轉折的要求也日益迫切和高漲。就算仍然要把國家視為主要甚至是唯一的分析單位，也必須體認到國家之上和之下甚至周遭仍然存在多層次的運作，因此，國家只算是這許多層次中的主要層次。

　　傳統的「社會」概念是以民族國家為取向的，基本上呈現「一國」社會的認知格局，有關的社會學論述局限在一國內部，受到主權以及其所延伸出來的領土和政治範圍的框限，「社

會」概念跨過民族國家界限，往跨國或世界取向轉折，歷經一個演化或淨化的過程，國際政治領域一直到了九〇年代，才具體出現把國際關係當社會看待的轉折，其中尤以 Alexander Wendt 為代表的國際政治的社會建構論的出現，最引人注目[3]。總的來說，在國際政治領域中，主流的國際政治理論一直都傾向於把國際關係視為「系統」，就算要進一步的視為「結構」，也還不是從「社會」取向出發，而是從個體論的國家中心出發，從主權的排他性和所謂理性選擇去論述這種「結構」的屬性，亦即這種「系統」或「結構」基本上是抽離社會的純粹經濟的生態，而不是「社會」系統或結構，反過來，被視為非主流的國際政治或經濟論述反面相對的會跨越國家中心的論述，把世界當作一個社會來對待，這對於傳統的社會學而言，是一個重大的進化和演化，社會學出現向世界和全球的轉折，世界或全球變成社會學分析的單位，國家變成全球這個單位（總體）中的一部分。

---

[3] Alexander Wendt, *Social Theory of International Politics*, Cambridge University Press, 1999.

二、全球社會的建構與形成：建構或發展的迷思

　　傳統的國際關係理論，是以國家為中心為取向的，而在討論國防和國家安全時，都是將其與維護國家主權連結起來。亦即將國家安全視為對國家領土完整和外在主權的保護和維持；而從此向度出發，所謂國家安全就指一個國家免於外來軍事的攻擊或威脅，這種安全觀不只是以國家為中心更是以軍事為取向，往往很容易成為獨裁者統治的藉口或合理化辯護的理由；因為獨裁統治者很容易以維護國家安全為槓桿，作為壓制內部多元意見甚至侵犯人權的理由。因此，有不少論者強調應將安全觀的詮釋從以國家為取向，轉變成以人民為取向，從國家的手中保護人們個別生命財產和其他的權利；而這種人民安全觀的塑造與上述主權觀從國家取向往人民轉變相配套。

　　從近代以來，人類的現代化，是伴隨著民族國家的發展建構而運作，主流的國際政治論述，基本上屬於這個現代性發展浪潮中的一環，是現代性展現的具體成果；而非主流的國際政治或經濟論述，則傾向於不局限在民族國家取向範圍內，相當程度突破了傳統現代化的框架，展現了後現代的意涵，而民族國家的形成，是以西方為取向的，並且相當程度與資本主義的形成發展與擴張連在一起，主流的國際政治論述反映了這個

現實，而非主流的國際政治或經濟論述，則相當程度上對此發展進行反思和批判，而這種反思和批判，則力求突破以西方為取向的民族國家的論述框架。以民族國家為取向，基本上會掩蓋階級、階層、種族、族群間的矛盾、衝突和鬥爭，這是相當「反社會」的，就算不看這些向度，也必須看到，國與國之間不對等的政治、經濟甚至文化關係所導致的剝削、壓迫、矛盾與衝突，主流的國際政治論述，把這些現象和爭論，都朝國與國間的相對利得和絕對利得的選擇結果的方向去解釋，從而把它們當成是客觀的事實，而無須加以反思批判或改造。

在另一方面，有一個問題是值得關切的：到底是國與國的行動和互動形成「社會」，還是世界或全球本來就是個「社會」，國家只是其中的部分或個體。從主流的國際政治理論的變化來看，基本上會較傾向前種變化；而非主流的國際政治或經濟論述則會傾向於後種看法，並且強調，世界或全球作為一個「社會」，不是由國與國的關係作基礎的，而是通過資本主義、科技，或整體人類的生存需要等等非國家取向的宏觀力量所促成的，國家充其量是作為這些主觀力量展現的中介或代理者而已。

由上面這些分析，把全球或世界當作一個社會，並從總體性的前提出發去進行分析研究，這是人文社會科學的演化；因此，「全球化」在方法論上的意義就是世界社會或全球社會意識的抬頭與確立。而隨著這種方法論意識的轉折而來的是，人們會把世界或全球當成一個整體的意識的勃興，這當然會導

致整體論（holism）的方法論傾向的發展。當然，作為整體的世界或全球，到底是既予給定的（given）或是通過實踐和歷史而建構的結果，是可以有客觀主義（objectivism）和主體主義（subjectivism）的爭論，或是調和兩者的看法。不過，從發展的軌跡來看，全球或世界被當成一個社會，這是實踐和歷史發展的結果，但同時它又可能成為一個實體而存在，產生「客觀的」制約作用。

　　從最直接浮面的邏輯來看，「全球化」代表跨國界的力量趨勢，國家不再能獨自決定、制約或局限政治、經濟、文化等的運作邏輯，亦即政治、經濟、文化不再依國家來劃界，而呈現跨國的非國家和主權堅持所能限制的連結，「全球化」這個概念，訴求和論述，在一定程度上是與國家中心論述相對應，才顯現其意義的。因此，不能把「全球化」理解為擴大化的「國際化」或「國際化」的不斷延展，從「國家化」到「全球化」的方法論意識的轉折，這不只涉及個體論向整體論的方法論的變化，也觸及到前述從外在、直線的因果觀向內在、辯證的因果觀的變化。

　　「全球化」代表世界從「系統」向「社會」的發展；而由此所延伸的問題是：這種發展到底是「客觀自在」的過程，還是自為的歷程，贊同前者的看法，會傾向從經濟主義、科技主義或現代化主義的角度來解釋；而贊同後者的看法，則會傾向從人類生存需要、個人、團體、國家實踐的需要去解釋，環繞這兩種看法，馬克思主義歷史唯物論中的經濟基礎或上層建

築的範疇就會浮現，從而爭論到底何者會最終的決定社會和歷史的發展。而從這種爭論再延伸下來，就會出現所謂馬克思主義和韋伯（Max Weber）論述的分歧，將馬克思主義等同於經濟主義，以及將韋伯論述等同於上層建築或文化主義，進而使兩者對立起來。或許，「全球化」既是一個主觀存在的過程，也是自為的歷程，它是經濟、政治、文化等多維度共同作用的過程。爭論其中哪個維度重要，基本上違背「全球化」發展所要求的「總體性」關照的原則。

　　就如前述，長期以來，主流的國際政治論述一直以國家密度不夠，不太願意將視野從「系統」往「社會」轉換；不過，翻開現在的世界圖象來看，民族國家和行動者相對於跨國的行動者之間的互動，正在如火如荼的進行著，因此，如果正式接受跨國行動者作為正式的行動體，那麼世界因為行動體的密度不夠而無法成為一個社會的理由，就會進一步遭到質疑；其實，重要的是，與其爭論世界中的行動體密度是否大到可以構成一個社會，到不如承認它是一個遠比主權疆界範圍限制下的一國內部社會大而且複雜的社會。在這個社會中，民族國家當然必須讓渡一些主權，但同時跨國行動者因為科技和經濟因素作為載體，也具備了超出主權國家框限的條件，在這個社會中，我們當然不能再無視於跨國行動者或行動力量的影響力和作用，但同時，我們可能也暫時無法過度輕忽民族國家的角色和作用，抽離民族國家，跨國行動者或行動力量，基本上會成為無根的浮萍或失去棚架的藤蔓一般；而抽離跨國行動者或行

動力量，民族國家對於許多事務的處理；恐怕也會陷入有心無力的窘境中，甚至連主權的行使也會出現問題；因為愈來愈多的問題，促使民族國家必須相互依賴和合作，甚至通過跨國行動者作為中介，才能將問題解決，這已經成為國家能力展現的重要環節，亦即必須通過民族國家和跨國行動者的互動，才能使問題獲得處理和治理。這是全球治理（governance）圖象中的重要環節。在國內政治中，正式制度或依循這些制度所建立的組織或力量，與跨制度的非正式組織之間的關係，基本上不是二元對立的，它們之間也許存在著張力，但同時更具有相互滲透、相互影響，甚至相互支持、相互保證的共謀共生的關係，非正式組織或力量可以補充或表現出正式組織所無法做到或實現的角色與功能，但非正式組織又必須依托正式制度或組織，世界社會中的民族國家行動者和跨國行動者的關係，其實也愈來愈像上述的國內社會正式制度／組織與非正式組織／力量的關係，其間並不是二元對立的關係，而更傾向於是一種共謀共生的關係。

主流的國際政治論述，由於不願或無法將世界視為社會，他們從無政府狀態（甚至也可能是原始的無社會狀態）的預設出發，從個體論出發，將國家作為一個行動者，被當成是一個經濟人，而不是「社會存在體」；雖然，他們也投出「體系」甚至是「結構」或「制度」的概念，但由於他沒有把世界當成是社會，他們還是必須停留在方法論的個體論上，從而辛苦的想要去連結個體論和系統、結構與制度向度間的關係，企

圖想要化掉其間的張力；Wendt 的社會建構論，在承認世界是個社會的前提下，努力的想將主流的國際政治論述帶出論述的困境，在方法論上做出了從個體論向整體論的轉折，並且力求結合社會行動論和結構主義，Wendt 承認國家作為一個行動體，是一種「社會存在者」，而不是純粹抽象的經濟人或經濟存在。不過，Wendt 似乎不太願意正式承認跨國行動者作為一個社會存在者的屬性，這也許是其論述急待補強之處，否則，其有關國際政治的社會論述是會有所缺憾的，跨國行動者不被視為是一種社會存在，世界或全球要作為一個社會，永遠都是不夠圓滿的。

華勒斯坦的世界體系論述，與主流國際政治論述最大的不同地方，當然就是其從非民族國家或非國家主義中心向度來進行論述；從而也將世界當作是一個環環相扣的社會，世界成為其分析的單位，而不再局限在民族國家界限內。他強調，以資本主義為載體的經濟運轉呈現跨越民族國家的發展，形成全球化的格局，亦即世界或全球是靠資本主義的發展而成為一個社會的，但這個社會基本上是一個經濟主體，而其中的行動者「階級」也是經濟範疇；這種經濟主義的途徑，其實相當程度抵消了企圖做為一種批判理論的世界體系論述的力道，從而幾乎使華勒斯坦幾乎就陷入客觀決定論的困境中，而無法彰顯批判甚至導引革命實踐的可能性。華勒斯坦卻想要在這個邏輯上引導出批判，甚至革命實踐的意涵和可能性，這中間是存在相當大的張力的，跨國界的力量、趨勢的發展，當然或許受到資

本主義、科技發展的影響，但還有世界作為一個社會本身結構的要求所使然。資本主義或科技跨越民族國家界限的發展，基本上代表著人類所型塑的許多力量，不可能只局限在一國內部社會中，而必須或必然會跨越民族國家的界限，亦即，資本主義和科技的發展，代表世界本身必然成為一個社會，而世界作為一個社會，才型塑了資本主義和科技發展揮灑的空間，或許有一天，由於資本主義和科技的發展，會出現越過地球限制的跨星球的行動空間，或以宇宙為範圍的更大社會的形成。

在另一方面，在華勒斯坦的論述中，雖然強調資本主義擴散的滲透影響力，凸出了以資本主義為取向的一體化的趨勢；但是，華勒斯坦也注意到在資本主義擴散滲透的過程中的在地因應的問題，並且認為，不同地區的經濟表現，都是資本主義滲透與在地因應共同作用下的產物；不過，華勒斯坦在這方面的論述，終究是從屬在有關中心／半邊陲／邊陲的結構主義式的論述架構之下，並沒有得到真正的發揮，不過，無論如何，都帶給了我們一些啟示：全球化發展必須通過在地因應作為槓桿，才能呈現或落實；亦即，在全球化發展的過程中，允許不同地方、族群、國家以各自不同特色的方式、途徑來承接全球化，也就是說，同樣是資本主義的滲透影響，但可以英國式、美國式、台灣式、日本式等等不同方式，各具特色的資本主義呈現和表現，所以，在資本主義的滲透擴散過程中，其實本來就是以辯證的方式在進行的。總的來說，資本主義的形成發展必然會要求以全球為範圍，而其模式和機制是相當辯證

的。資本主義是源於西方，原屬於具有地方或甚至國家特色的
經濟模式，其發展代表是西方特性的經濟模式的普遍化發展，
這是一種特殊性的普遍化過程，而反過來，這種普遍化過程之
所以可能，又必須以在地化或特殊化的過程作為中介，這又代
表著普遍性的特殊化（在地化），然後總的資本主義全球化發
展才獲得實現。所以，全球化與在地化本來既是辯證的共謀共
生關係，就不能將之視為二元對立的關係，這也就是羅伯遜
（Roland Robertson）所提的「全球在地化」（glocalization）
概念的真正意涵[4]。因此，我們不能從純粹的一體化途徑去看
待全球化，而必須看到全球化的過程中，普遍與特殊辯證結合
的向度，否則會使對全球化的關照，失去現實意義。

三、全球社會的成型：跨國力量的展現
　　與作用

　　人類第一次所稱的現代化，是從西方出發，以西方為取
向、為中心，進而向外接觸，其具體形式是通過西方從封建轉
變成民族國家，並以其為槓桿，配合海外殖民，以及帝國主義

---

[4] R. Robertson, *Globalization: Social Theory and Global Culture*, London: Sage, 1992, Chapter 11. 羅蘭‧羅伯特著，梁光嚴譯，上海人民出版社，2000 年，頁 249-250。

作風,為資本主義的滲透擴散創造更大的空間和市場;可是,
就在這個資本主義滲透擴散的過程中,也激盪出非西方的民族
主義、種族主義甚至是國家意識,而這些意識的覺醒或落實,
主軸是在承接或對付資本主義,而其目標總的來說,都說是為
了追求現代化;亦即,人類第一次所講的現代化,與資本主義
的發展擴散,民族主義、民族國家的形成發展落實是相結合
的,它是以民族國家為單位、為節點的,而且總的統攝在以西
方為中心為取向的結構之下,因此,也帶有西方國家垂範或示
範其他非西方國家或地區的意義,這當然會具有要求一體化的
傾向,但在現實的歷史發展過程中,卻是非西方國家或地區以
不同的方式或途徑去承接資本主義,或去展現現代化,於是呈
現在一體化要求壓力下存在差異性或特殊性的現象。民族國家
一方面作為承接資本主義的單位和節點,但另一方面又扮演含
融資本主義的角色,一體化和特殊差異性在民族國家辯證結合
在一起,這也就是說,民族國家擋不住資本主義或以資本主義
為載體的現代化要求的跨國擴散力量,但另一方面,在民族國
家涵蓋範圍內的地方力量,卻又可以以具有特殊性的「地方」
身分去消融轉化資本主義和現代化力量。作為一種力量和過
程,現代化及資本主義本身具有跨國性,從而也形成了以西方
為源頭、中心和取向的全球化的發展,在其中,如前所述既允
許一體化要求的存在,也允許差異和特殊的存在,所以在人類
所謂的第一次現代化發展論述中,全球化與在地化(本土化)
本來就是辯證結合的,而不是二元對立的,而在這個過程中,

既成就民族國家和主權國家，以其作為辯證轉折的節點和中介，而同時又拆解民族國家的主權和領土界限，這或許可以解讀為，資本主義和現代化的滲透發展，必須以全球化作為一個社會為標的，進而再以全球社會為載體再展開另一波或另一次的現代化；不過，這種新一波或新一次的現代化，不再是以國家為單位、為節點，而是通過全球／地方的對應軸線或座標關係作為載體，國家是否作為全球中的地方或部分，才能在這新一波的現代化過程中扮演角色。

　　亦即國家是這新一波的現代化的節點之一，節點呈現座標化和多元化，這些節點可能是跨國公司、跨國力量、族群、階層、階級、種族、家族甚至個人，他們之間可以各自去對應資本主義和現代化的一體化力量。也可以合縱連橫的去面對，而這些合縱連橫可以表現為既合作互賴又衝突鬥爭，甚至激盪出形成跨國的社群或社會力量，如歐盟或一些自由貿易區或區域主義、保護主義等組合。這些合縱連橫的發展，基本上受到文化或更大範圍更長遠意義的文明的制約和影響，因此，可以解讀為文化或文明的互動、交融或衝突。不過，總的來說，應該算是文化的雜交（hybridity），雜交意味著一體化和特殊化的辯證結合，其過程和結果並不是單向化的邏輯所能涵蓋說明的，超出任何單向的力量的制約；這對於任何一方面而言其實都是文化的轉換或變革發展，都可能造成對自己的文化或文明的揚棄。其實，跨國公司企業、跨國力量的運作基本上都全面對上述這種一體化要求和凸顯差異性辯證結合的過程；其中尤

其是跨國公司的運作絕不能以母公司或總公司所在地的組織文化或社會文化為絕對的標準,企圖建構一種以總公司或母公司為中心的大一統的文化或規範,而必須允許各子公司或子企業,以其在地的組織文化或社會文化為基礎,凸顯其特殊和差異性。亦即,跨國公司或企業,必須承認子公司或企業文化的差異性,進而能將要求企業文化的一體化和顧及子公司或企業的文化差異性辯證的結合起來,然後跨國企業和公司才能順利運作。強調在企業內部建立大一統的文化或規範,這是傳統的現代化思維制約下的產物,並且具體的體現在福特主義的操作過程中,注意重視各子企業或公司的文化差異性,已經從現代主義的思維轉向後現代主義的思維。從後現代主義的思維來看,文化差異的存在,這是一種歷史現實,而不是一種缺點,必須承認接受它而不是要去克服抹掉它,從承認文化差異出發,就必須進一步認識到各子公司和企業都是具有差異性的文本,這些文本都沒有作者,但是它們共同營造了一種對話的氛圍,跨國公司或企業的運作,必須在以這些文本為基礎的前提下進行對話,而後才能運轉的順利。

當跨國公司、跨國力量在運作時,不能只看到發動者或施動者為取向的單向制約力,而必須注意到跨國運作中不同節點的差異性;而在這種一體化和特殊化辯證結合的過程,文化的雜交於焉出現,這是跨國力量發展的必然結果,也是世界或全球作為一個社會的文化屬性,亦即在這個社會中各種文化不斷辯證的雜交,呈現多層次多融合的現象,源自於某些地方、

團體、國家、公司、節點的具有特殊性的力量，如果要發展當
然就必須越過自身的局限，跨越在地甚至國家界限，展現全球
化的格局。全球化是特殊性力量發展或進步的必然過程，這是
一個從特殊到普遍的過程，可是當其在全球化時，又會面臨與
在地化對應力量互動的問題，這又是一個從普通到特殊的過
程。此外，全球化也代表著「脫國化」、「去國化」，但其運
行還是必須依托著節點來進行，而目前這些節點又主要是靠資
訊傳輸科技來支持，並且呈現密密麻麻的網絡狀社會，但並沒
有固定的形狀或結構。亦即，呈現一種非線性的甚至不對稱的
混沌組合。這種組合也許是另一種社會，或可稱為叫虛擬的社
會，但它又是真實無比。這個社會到底是包含在一般所講的跨
國的全球或是界體系中，還是既重疊又有獨立差異性，這是引
發爭論的問題。不過，無論如何，它是全球或是界社會中的主
體貨主軸支柱，抽離它，全球化的內涵恐怕就會頓時喪失。而
在這種網絡狀的節點串聯的複雜組合中，層次分明的由上往下
的強調一致和大一統的官僚組合，恐怕真的愈來愈難以存在，
至於依托在這這種官僚組織上的「統治」（governing）操作
恐怕也會愈來愈難以維繫，一種多中心、多文化的網絡狀的共
同「治理」（governance）的格局恐怕真的愈來愈符合現實的
需要，而隨著全球化的發展，治理格局愈來愈具有現實性，主
權的序列和堅持，恐怕會愈來愈難以維繫，互賴的或包含式的
主權操作恐怕也會愈來愈具有現實性。

　　在邁向全球或世界做為一個社會的過程中，許多區域性

的跨國性「社會」或社群也許會不斷出現，形成了在全球或世界「社會」中又有許多以區域為範圍的「小社會」或「次社會」社群的存在；而在以這些區域為範圍的大小社會和社群外，又存在依托在資訊傳輸科技上的節點串聯的網絡狀組合；前者還是依循國家取向或邏輯來進行的（其自然結果形成跨國的格局），而後者基本上則依循「去國化」或「脫國化」的取向或邏輯來進行，這種網絡狀的跨國力量，如前所述，與實體社會既交纏又獨立，而將來配合資訊科技的發展，或許會出現「脫地球化」的發展，世界或全球範圍內的運作格局正在醞釀變化，這個變化既超出主權原則堅持的想像之外，又可能不走「統治」或「治理」格局所能去解釋得了的。至少通過「治理」或互賴合作或網絡狀格局的形成，基本上會使全球範圍中的行動體，愈來愈不能採取整體否定或整體肯定的方式，而必須以更彈性的、以個體取向來進行因事制宜的互動，否則將會付出巨大的成本。

　　跨國力量和趨勢的發展，當然給予自由主義者非常的鼓舞，希望去除國家的藩籬和障礙，但我們不希望自由主義者只重市場經濟的普遍化為思考取向，因為這很容易陷入經濟主義的陷阱中；而且，當國家藩籬和界限被不斷的跨越後，不但主權的原則必須被重新思考，更重要的是，人類要面對的是，是否能繼續依循主權的原則和邏輯去思考全球或世界的問題；因為全球或世界作為一個社會，與作為一個「系統」或「結構」必定是不一樣的。在全球化的發展下過程中，隨著辯證「總體

性」思維和邏輯的發展，空間和時間概念也會隨著改變，對各
領域問題的認知解釋也會跟著改變，甚至連人如何算是個人這
類的問題，恐怕都會更難界定；而進一步延伸下去，恐怕就連
本體論、知識論、方法論等的建構也面臨必須改弦易轍。空間
與時間不再以國家中心、甚至也不再以地方為取向，全球或世
界作為一個實體，或作為一個社會，恐怕不再能從過去傳統的
時空概念和社會概念所能完全解釋理解的；而這就出現一個非
常令人尷尬的問題：全球和世界正在傾向作為一個社會，可是
這個社會恐怕又是非（傳統）社會的社會，或者有可叫做後社
會；這種「社會」可能不異是「脫國家化」，也「脫地方化」，
甚至也會具去既存社會邏輯的傾向。因此，人類在面向全球化
的趨勢力量，人類已悄然的被轉換了，成為非（傳統）人類的
人類，我們所面對的未來，不只是一個挑戰，更是充滿高度的
不確定性，恐怕真的需要我們更加嚴肅的去面對。當人們從既
有的國家、地方、時間空間漂浮起來時，人們也正在從世界或
全球漂浮起來。因此，當全球化正在發展時，也許也是我們「脫
地球化」的開始，這絕不是一種夢幻式的想像，而可能是人類
即將面對的現實。

第七章
全球治理與兩岸關係：
主權、安全、認同與
區域主義觀的再探討

世界體系中的霸權，意思是一個強權占有一種地緣政治
位置，能使權力的社會分配遵守一套穩定的連鎖來進
行。這帶來一個和平週期，亦即基本上沒有軍事鬥爭——
——不是完全沒有軍事鬥爭，而是說沒有強權之間的軍事
鬥爭。這樣一個強權週期需要正當性，並且同時產生正
當性。

華勒斯坦——《自由主義之後》[1]

「政治冷經濟熱」是目前用來概括描述兩岸關係最常見
的語辭，這種概括背後所蘊涵的深層內涵，凸顯了目前兩岸關
係的結構本質。還原這個結構本質之後，我們或許才能再為兩
岸互動找出新的出路。

目前兩岸關係結構是一種不完全的治理（governance）結
構[2]，一方面雖然兩岸國家機器的政治力量，都企圖建構由上
而下的掌握管理兩岸互動的權威，以及由此權威所延伸出來的
秩序，但是雙方又不願或不能直接交鋒和接觸。於是在另一方

---

[1] Immanuel Wallerstein 著，彭淮棟譯，《自由主義之後》，台北：聯經，
2001 年，頁 19。

[2] R. A. W. Rhodes, "The New Goverance: Governing without Government",
Political Studies, XLIV, 1996, pp.653-660; Lawrence S. Finkelstein,
"What Is Global Governance? ", *Global Governance I*, 1995, pp.367-372,
張亞中，〈全球化下的全球治理:主權與權力的解析〉，全球治理與國際
關係學術研討會，政治大學外交系主辦，民國 90 年 6 月 2 日。

面又必須透過半官方的代理者或民間社會的力量作為中介或
槓桿，這就替民間社會循著由下至上的方式參與兩岸間的互動
提供了空間和條件。亦即兩岸關係不是一種純粹以國家或政府
為中心的結構，而是國家和民間社會一起參與的多行動主體的
結構。在這個結構中，權威運作其實呈現去集中化的現象，沒
有真正單一的權力中心的存在，公、私和自願團體部門在這個
網絡中互為中心，任何問題的解決都已不能被化約成某單方面
努力的結果，而是各方共同作用下的結果；亦即，在這個結構
中，各行動主體是互賴而不是互斥的；他們之間可以因應不同
時空情境自行自發的改變互動的組合，國家或政府一方面是這
種網絡中的一個節點或環節，而另一方面充其量只扮演網絡中
協調者的角色，使這個網絡中的參與者能夠持續互動，並形成
各種因時制宜的安排去解決各種問題。

　　可是，兩岸的國家機器一方面雖然認知到必須通過民間
社會作為雙方互動的槓桿或中介，可是一方面又努力地想要把
兩岸的關係結構導向，甚至固著在以國家或政府為中心的方向
上去，從而把問題的解決看成是國家或政府由上至下權威行使
的結果。讓上述的網絡朝單一權力中心的方向發展；或更甚
者，還企圖把民間社會當成是由上至下權威行使的工具或從屬
的環節，從而不能真正的把民間社會當成是網絡中對等的節點
或環節。

一、一個反思：當代主權內涵的變化

二次大戰結束後，主權觀念主要被分為外在（external）和內在（internal）兩個層次來理解。從外在向度論主權，主要是指涉國家和外部國際社會的關係，強調國家必須獨立於外在力量之外，不可受制於國家之外的其他權威，並且擁有在自己領土內的完全和獨占的權力；而從內在向度論主權，主要是指涉國家和其他內部社會的關係，強調國家擁有比在領土範圍內其他權威更高的位階，並且有權利去統治和控制領土範圍內的社會各個領域甚至包括個人的生活和行為。從外在向度呈現的主權又被稱為法理主權，而從內在向度所呈現的主權，經常又被稱為經驗主權，法理主權又可細分為兩個層次：威斯特伐利亞主權（Westphalian sovereignt）和國際法主權（international legal sovereignty）。前者主要是通過強調互不侵犯和干涉原則做為支撐和保證；而後者主要是通過強調國家間相互承認原則作為基礎。至於經驗主權又可稱為內政主權（domestic sovereignty）。但是伴隨資訊科技的發展，以及諸如環境和生態問題的湧現所促成的全球治理（global governance）和網絡的出現和互賴（interdependence）程度的不斷提升，已經促使得主權的內外在向度的界限逐漸崩解中，並且已經使互賴向度成為我們思考主權問題時必須考量的，而互賴主權也儼然成為

我們必須正視甚至接受的範疇。國家通過互賴向度，雖然一方面必須讓渡主權，但另一方面卻能展現國家處理跨國事物和問題的能力。

其實，在現實層面來看，主權的外在和內在向度是不必然連結在一起的。擁有形式的法理主權並不意味就擁有內政或經驗主權，或是擁有內政或經驗主權並不意味擁有充分的法理主權。或者講得更細點，擁有威斯特伐利亞主權並不意味有遂行互賴主權的條件和能力。

幾乎到冷戰結束前，聯合國主要重視法理主權原則的建立和強化，並且認為，國際秩序是建立在對法理主權的集體接納的基礎上；亦即，在此階段，聯合國基本上視法理主權優先於經驗主權，或外在主權優先於內在主權。而隨著冷戰結束的世界格局的變化，以及前述全球治理及互賴情境的形成與提升，包括聯合國在內的國際和全球各種機制，都轉而逐漸重視經驗主權甚至互賴主權的重要性。

就從西方的邏輯來看，沒有行使內在主權的能力和條件，徒有形式的法理主權，這不算真正成熟的獨立；而翻開歷史，我們可以看到，西方殖民國家確實經常以非西方地區，無法具有行使內政主權的能力和條件，作為拖延或拒絕使其獨立的理由；聯合國成立的功能，主要是宣示不能以無法擁有內在主權的能力和條件作為拖延或拒絕使非西方世界獨立或擺脫被殖民的理由。

此外，外在主權特別是威斯特伐利亞主權的堅持，主要

是與政治領導者和政府，而不是與市民社會連結在一起的，對
於所謂外在主權的維護或堅持，往往提供獨裁統治的某種藉口
或合理化辯護的基礎；諸多獨裁極權統治很容易以維護主權獨
立為槓桿，拒絕國際社會對其內部侵犯人權狀態的關切。回顧
歷史，這種堅持所謂國家主權拒絕國際干涉的主張，可以上溯
到霍布斯（Thomas Hobbes）和布丹（Jean Bodin）的有關國家
主權的論述，這種一脈相傳的國家主權的論述被認為很容易背
離民主原則。而洛克（John Locke）而相對地較能從自由民主
原則，將主權往人民主權（Popular Sovereignty）方向定義。
這種主權觀強調主權最終的根源來自於人民，他是代表人民並
且為維護人民權利，以及由人民來行使的權力；亦即，主權的
行使必須與人民的意志連結起來，一個國家的主權之所以能被
尊重，必須是一個國家的人民有機會去行使他們政治、經濟和
文化的權利。以此觀之，主權絕不能與抽象的實體如國家或某
些軍事或文人獨裁者連在一起，而必須與國家內部的人民權利
的展現聯繫起來[3]。

　　隨著這種主權和安全觀從國家往人民取向的轉變，其實
就為國際干涉找到合理化辯護的基礎，並且可以給予國家主權
某些的限制。上述通過互賴所形成的對國家主權的限制是一種
自然形成的結構性限制，而從人民取向對國家主權的限制是一
種規範性的限制。

---

[3] Samuel M. Makinda, "Sovereignty and International Security: Challenges
for the United Nations", *Global Governance 2*, 1996, pp.150-151.

　　通過互賴加速了全球化的發展，而全球化也反過來也會擴大互賴的程度。不過，互賴和全球化發展落實到西方和非西方的關係上，出現了新的爭議。其中要者如「到底是誰的全球化」？「全球化是否等於西方化？」和「互賴是否等於要非西方國家放棄主權？」等問題。而環繞這些問題的爭論，所延伸出來的核心問題是：面對全球化和互賴趨勢，國家主權能否維持，以及如何再定位。而許多非西方國家很容易將全球化和互賴詮釋為西方化的深化發展，進而認為全球化和互賴趨勢和機制的形成和發展，已成為西方將其價值觀念強加在非西方世界，並且企圖破壞其國家主權的槓桿和通道。

　　事實上，從人民主權的向度出發，要求對國家主權做出限制，也很容易被非西方國家解讀成西方國家的陰謀，就如前述，企圖將西方的價值理念強加在非西方社會之上。如此一來，人權、自由民主甚至是人民自決的要求，都很容易被解釋成西方干涉非西方國家內政和侵犯國家主權的霸權表現。

二、兩岸之間的主權觀認知與轉折

　　中共迄今在對台的政治向度上仍然堅持傳統的威斯特伐利亞主權（Westphalian sovereignty）的立場，不願往互賴主權

（Interdependence sovereignty）方向轉折[4]，導致許多非政治性的問題也被政治化，從而被擱置無法解法；再加上中共迄今仍不願放棄武力犯台，進而使兩岸關係網絡無法真正建構解決爭端的機制，或以溝通為基礎的解決問題的流程。由於以上這些因素，使得兩岸關係雖然出現包括企業、非政府組織在內的民間社會各種力量共同投入參與的治理格局，但卻仍然沒有形成完全的治理結構。亦即，兩岸關係已呈現治理格局，但雙方的國家機器或政府卻一直按由上而下的權威行使的統治（governing）方式來面對兩岸關係，這是目前兩岸互動中的最主要問題，而明乎此，我們也才能瞭解為何兩岸目前會呈現前述「政府冷經濟熱」情景的原因。

中共通過「改朝換代」的邏輯建構了以上對下的「一國兩制」架構途徑來對待台灣，而作為這種架構途徑辯護的是國家主權的論述。這種國家主權的論述不只成為中共對台政策作為的辯護系統，也成為對內統治的合理化辯護工具。由於國家主權論述的核心是以國家機器、政府、政治領袖的正當性如何證成為焦點，基本上不是以市民社會或人民為主體；於是，由此所延伸出來的對內對外政策作為都會呈現以國家為中心，強調由上至下權威行使的統治格局。

不過，兩岸關係其實早已屬於經濟全球化的環節，再加上環境生態、毒品、走私等跨越兩岸政治界限問題的湧現，以

---

[4] Stephen D. Kranser, *Sovereignty: Organized Hypocrisy*, Princeton University Press, 1999, pp.3-9.

及通訊傳輸技術的快速發展，已使兩岸進入互賴的情境中，任何一方的改變或重大事件都可能引起另一方的反應或對另一方產生影響；因此，兩岸雙方各自的內外界限早已趨於模糊或遭到侵蝕，而所謂國家主權也連帶遭到限制，不得不向互賴主權的方向轉折，這種形勢的發展基本上是不依人的意志而改變的；但是，中共卻對這種轉折充滿疑慮甚至要加以阻擋，深怕因此衝擊到其對台灣的國家主權的論述基礎。

另一方面，兩岸互賴情境在台灣內部激起現實主義和自由主義兩種觀點的分歧。現實主義者傾向於從相對利得的角度去計算在互賴過程中台灣是否獲得比大陸更多的利益；而自由主義者則傾向於從絕對利得的角度去強調互賴可使兩岸雙贏。這兩種觀點雖有差異，但是以國家為取向的論述方式則是一樣的，因為兩者都相當抽象的強調所謂國家或台灣總體利益的得失[5]。

兩岸雙方特別是中共一方面要堅持國家主權，但另一方面又無法抵擋互賴結構的制約。互賴結構會限制國家主權，但雙方（雖有程度不同）卻都害怕因此而使自己受到衝擊和傷害，這是兩岸關係運作的另一個問題，而這個問題與上述問題是相關聯的。

其實，因應兩岸關係這種形勢，國家主權必須經過再註

---

[5] 涂志堅，〈柯林頓總統時期美中台戰略三角之互動之研究〉，台北：台大政治研究所碩士論文，民九十年六月，頁 28-29。

釋，甚至有必要更進一步向人民主權的方向轉折，讓主權的焦點從政府、國家機器轉向人民，從而強調主權的行使必須與人民的意志體現連結起來，而政府領導者必須透過民主過程取得正當性；從這個意義再推衍下去，就必須認識到，主權若要受到尊重，必須讓國家是政治實體內部的人民有機會去遂行他們政治、經濟和文化權利[6]。主權被再註釋或論述為人民主權，兩岸的互賴結構才得以轉化成更為積極正面的結果，而不只是像目前這樣徒然激化雙方的疑慮或各自內部的路線分歧。而且，通過這種以人民為取向的主權論述轉折，也才能使兩岸不完全的治理格局轉化成真正完全的治理格局；因為，在這種主權論述下，市民社會才會真正取得參與兩岸關係運作的正當地位，從而使兩岸關係呈現國家和市民社會共同操作的多行動主體的網絡結構。

　　隨著這種主權論述轉折而來的是，兩岸的安全觀也必須從國家取向向社會或人民取向轉折，亦即必須從國家安全觀向人民安全觀轉變。而這種轉變主要是型塑一種大安全觀，跨越對領土、統治菁英和所謂國家利益保護的限制進一步強調保護人民，一方面使人民的權利免於受到雙方國家機器的侵犯和傷害[7]，而另一方面則要求人民有權利參與兩岸治理格局的操作。

---

[6] Samuel M. Makinda, "Sovereignty and International Security: Challenges for the United Nations", *Global Governance 2*, 1996, pp.150-151.

[7] Ibid., pp.152-153.

三、全球治理格局的形成與內涵

　　兩岸關係的網絡結構，雖具有其特性，但其也屬於全球網絡的一個環節。而全球網絡的形成，反映全球治理格局的發展。全球治理格局是通過國家和非政府組織或更廣義的市民社會力量共同形成的，在這個格局中，不會存在固定的階層，正式（官方）和非正式的管道相互滲透，由上至下的權威行使和由下至上的自發組織和要求交叉進行，力求打破地理、社會、經濟、文化或是政治的界線，不會按單一的組織原則或遊戲規則來運作；這個格局的形成並不意味什麼新的世界秩序的形成或出現，而是處在變動不居的過程中，通過這個過程也許可以形成各行動主體間的交互主體性的溝通，甚至解決問題[8]。

　　全球治理當然是世界互賴的呈現，而促成互賴的主要原因之一是通過包括資訊和通訊傳輸科技的發展，從而縮小社會、經濟、政治和地理距離所導致的。其中尤其是網路和寬頻科技的綜合多媒體的能力、高度互動性和立即性，加速了跨國溝通、網絡社會關係和參與式政治的發展，而這些發展也進一

---

[8] James N. Rosenau, "Governance in the Twenty-first Century", *Global Governance 1*, 1995, pp.13-18.

步促成市民社會全球化的發展[9]。

非政府組織（NGO）是全球市民社會中最主要的環節。而長期以來，人們在理解非政府組織時，都是從國家中心主義或取向出發，把非政府組織看成是企圖影響國家行為的壓力團體或利益團體。一直到了一九九〇年代中期以後，才逐漸擺脫國家中心主義，把非政府組織放入更寬廣的全球市民社會的範圍之中，從而以「人民為中心」，把非政府組織看成是促動國際政治朝民主化程度，使國家主權受到合理限制，型塑跨過多邊參與式政治過程的主要機制或力量[10]。

由電腦網路和電信傳輸技術所建構而成的資訊生態，沒有固定的界限，而流動性是它的本質；因為在這個生態中，資本、技術、符號都處在不斷的流動過程中；而也因為如此，空間也隨著流動、漂浮起來，不再固著在固定的地理和民族國家實體之上；當然，它們的生活實踐場域也跟著流動、漂浮，不再以固定的地理和民族國家作為界限。在這個資訊生態中，交織著電子脈衝網絡，並且透過許多節點來連接這些網絡，而這些節點指的主要是那些「資本—技術」菁英。這些菁英與電子脈衝網絡形成互相支撐、互相保證的結合關係，衝破了國家地理界限，把更多的事物和人的生活實踐層面捲入資訊生態中

---

[9] Craig Warkentin and Karen Mingst, "International Institutions, the State, and Global Civil Society in the Age of the World Wide Web", *Global Governance 6,* 2000, pp.239-240.

[10] Ibid., pp.238-239.

[11]。

　　在這個資訊生態中，政府已經無法壟斷有關資訊的蒐集與獨占的權力，而許多人和單位或團體，利用和獲得資訊的能力大為增加，這相對地也使得非政府組織的人員和數量的快速增加獲得現實的物質支撐。如此一來，非政府組織的權力相對於國家，當然也就大大地提升[12]。此外，在資訊生態中，由於掌握資訊和以資訊為基礎的知識的能力，影響包括國家和許多非政府組織的競爭力和發展前途，非政府組織在這方面能力和權力的相對提升，當然相對的會衝擊政府的權力地位，政府被迫或自然而然地必須和非政府組織分享權力，國家／政府與非政府組織在被納入資訊生態的同時，資訊生態得流動性，使得問題的解決不可能只局限在國家範圍之內來進行，而必須透過跨國界的作為和過程來加以處理。其實，國家／政府、非政府組織、企業、「資本-技術」菁英，都是資訊生態中的節點，他們之間透過電子脈衝網絡作為中介，必須形成一個合縱連橫的關係，彼此互相支撐、互相保證，而不是互相排斥。被納入資訊生態中，做為其中的節點，就會具有銜接資訊生態網路的

---

[11]　曼威柯司特（Manuel Castells）著，夏鑄九等譯，《網路社會之崛起》，台北：唐山出版社，2000，頁 86-88；Manuel Castells, *The Informational City : Information Technology, Economic Restructuring , and the Urban-Regional Process*, Oxford: Blackwell, 1989, pp.10-11.

[12]　Jessica T. Mathews, "Power Shift", *Foreign Affair*, January/February 1997, pp.51-52.

角色，不能被其他節點所排斥或故意視而不見。

　　處於資訊生態中，政府的傳統權力當然會受到侵蝕，而包括企業、非政府組織在內的市民社會的權力會增加；不過，我們不能從零和的格局來看待這些現象，因為上述這些現象正顯示零和觀點的局限。因為，政府傳統權力的受侵蝕，意味著其權力角色的轉變與調整，我們不能貿然地去推論政府或國家即將式微、凋零或消亡，國家／政府在資訊生態中仍將扮演不可或缺的節點；只不過，它不能排斥非政府組織、企業等市民社會的單位和力量作為資訊生態中的節點；而且，它不能再繼續以國家中心為基礎，去排斥和市民社會的權力分享，因為，資訊生態的流動性，決定政府必須有能力和非政府組織或力量合縱連橫，以及藉此來解決許多跨國界的問題。亦即，國家和市民社會的界限絕對不能再被簡單的二元劃分，彼此已經形成一種相互支持、相互保證的辯證結合關係；而隨著資訊生態的流動性所延伸出來的是，市民社會的全球化和跨國化，因此國家和政府與市民社會權力的分享，絕不會是在內政主權向度上來進行，會涉及到互賴主權的向度，在跨國領域中來操作。

　　總之，由資訊和電信傳輸技術所建構而成的資訊生態，不但可以擴大全球市民社會的民主空間，而且可以使國際關係朝民主化的方向發展，在國際社會中創造了公共領域，擴大公眾參與的可能性，營造一種跨國多邊的參與情境。在這種情境中，事件或議題相對於以前很容易成為全球公共領域討論的對象，而由於前述非政府組織運用資訊生態能力的提升，使非政

府組織有可能主導議題討論和解決的走向，甚至形成跨國聯合
的力量，擴大公眾參與的管道，把國際關係導向擴大的
（enlarged）多邊主義的方向發展，並對國家主權構成限制[13]；
而這些限制基本上是屬於規範性的限制，因為其涉及全球性或
跨國性的由下至上的人民或市民社會力量的展現。

議題和事件很容易被置於擴大的多邊主義情境中，這反
映了全球治理的現實。而這種多邊主義情境，是非政府組織和
全球市民社會之所以能夠對國家主權產生限制或制約力的槓
桿和載體。迄今仍然讓中共非常頭痛的法輪功現象，基本上就
是通過資訊生態促成擴大的多邊主義情境，從而對中共國家主
權形成制約的例子。

四、兩岸間的治理格局：全球／區域的辯證

兩岸關係既然屬於全球治理結構的環節，當然也會受到
擴大的多邊主義情境的制約；不過，中共卻一直希望把兩岸壓
縮成上對下的雙邊關係，盡可能的想要排除擴大的多邊主義情
境的制約，或者把這種制約解釋成西方價值影響力的滲透，甚
至是西方對中國內政的干預。但是，無論如何，由於全球化過

---

[13] Craig Warkentin and Karen Mingst, *op. cit.*, pp.251-252.

程所延伸出來的全球價值如個人自由、自由市場、自由民主、正義、環境保護等都會對中共國家主權論述構成規範性的限制或制約[14]。而這些價值可以歸結成人權和自由民主兩大範疇。對提升個人自由、定期選舉、尊重人權、建立民主的遊戲規則等的強調,除了對國家主權會構成限制外,也會強化人民主權。而如果主權能夠更進一步地被普遍解釋為人民主權,那麼對國家的干預,以防止國家破壞人權或不行民主,就有可能找到合理化的辯護基礎。當然,中共仍然可能會把人權的普遍化和標準化繼續解釋成西方將其價值強加在非西方國家的陰謀;不過,隨著中共加入「世界貿易組織」(WTO),更進一步融入全球經濟體系,其國家主權受到伴隨著全球化過程而來的規範化限制程度,將可能持續增加而且隨著全球化的發展和全球治理格局的形成,除了有必要再註釋主權外,已有修正聯合國憲章的呼聲。聯合國本身是通過維護國家主權作為基礎組成的,但同時又負有維持國際和平安全的責任;而在後冷戰時代,影響國際和平安全的因素或事件經常是發生在國家內部;因此,聯合國必須進一步負起解決(主權)國家內部衝突,進而保護人民免於受到傷害的責任;亦即,基於現實的需要,聯合國已不能只扮演單純的國家主權的捍衛者角色,而必須發展出促進人民主權的角色。其實在「聯合國全球治理委員會」(The Commission on Global Governance)一九九五年的報告中,就傾向於從人民主權的角度去註釋主權,並且建議聯合國

---

[14] Samuel M. Makinda, *op. cit.*, pp.155-156.

的憲章應該修正，允許安理會可以在人民安全受到國家機器嚴重破壞時，基於人道理由，採取行動進行干預[15]。

　　由於中共對台灣堅持強硬的國家主權立場，使得兩岸的政治關係一直低盪不前；從而使兩岸必須隔空通過資訊生態，或全球治理格局來進行對話或互動。當然，中共也從其基本立場出發，一直圍堵台灣透過治理格局來和中共對話或互動，其理由是避免兩岸關係或所謂台灣問題的國際化。而為了能藉全球治理為槓桿來和中共對話和互動，甚至制約中共，台灣近十年來通過實質外交和務實外交的途徑，努力爭取在不計較名分的情況下進入國際組織，因此，從九三年開始，便有鼓動加入或重返聯合國的運動，此外，也以中華台北的名義加入APEC；而且亦即將在二〇〇二年一月一日以「台澎金馬關稅區」的名義正式加入 WTO。從這些發展可以看出，台灣對於全球治理格局的運用，著重在國際組織或政府組織，但由於國際現實主義的制約，成效並不算大。其實，台灣除了繼續重視全球治理中的國家層次的重要性外，還須加強對非政府組織和全球市民社會力量的重視。甚至可以和一些重要的非政府組織形成合縱連橫的合作或結合，增強掌握前述所提及的擴大多邊主義情境的力度和機會，並且融入全球性的對國家主權進行規範性限制的主流力量中。

　　我們很容易把區域主義和全球化對立起來，但其實兩者

---

[15] Ibid., p.164.

之間是一種共謀關係。區域主義是全球化的組成部分，是全球化的槓桿或載體，以及更是對全球化的回應。亦即，全球化是通過本土化或區域主義作為載體才得以不斷的獲得實現，而本土化或區域主義是不同國家和地區表現全球化的方式和途徑。在全球化和後冷戰結構的制約下，區域主義已從內向型轉向外向型，具有區域特色的方式和途徑來承接全球化；而且，區域主義已不在局限於純經濟或政治的層面，而具有包含文化、歷史的多元層次的整合互動意義。此外最重要的是，區域主義的發展和運作不再完全以國家為中心，而是以多種形式。歐盟和東協等是以國家為單位的區域主義表現；而包含香港、廣東、福建、澳門和台灣在內的經濟整合被認為是另一種區域主義的表現，不過這一種次級區域主義（subregionalism），並沒有把中國大陸的經濟版圖整個捲入，而只有東邊兩省和港澳、台灣形成區域經濟區。亦即，次級區域主義只在國家經濟的邊境地區，而其原因主要是歷史的遺棄和自然的經濟力量所促成，並不是國家主導下的結果[16]。上述的經濟區之所以成形，與兩岸迄今無法直接交通，必須透過香港作為中介有著直接的聯繫關係。香港因素是一個歷史遺留的因素，當其產生變化時，台灣以其和中國大陸的經濟地理的鄰近性，可能還可發展與中國大陸浦東地區以上海為中心的經濟地帶另一種形式的經濟區。另一種區域主義叫做小區域主義

---

[16] James H. Mittelman, "Rethinking the 'New Regionalism' in the context of Globalization", *Global Governance 2*, 1996, pp.190-192.

（microregionalism），這可與上述以國家為中心的區域主義相區隔，因為後者通常被稱呼為大區域主義（macroregionalism）。小區域主義通常是以國家內部的城市或經濟為主體，通過與其他國家內部的城市或經濟區間所形成的技術經濟網絡形成連結。亦即，這種區域主義的形成也不是政府主導形成的，而毋寧是全球財貨和服務市場這隻看不見的手所促成的[17]。這些能夠互相連結的跨國的城市和經濟區，通常都是帶動經濟成長的火車頭，他們可以吸收投資，帶來繁榮，享有主要的經濟角色；因此，也愈來愈會要求更大的自主性。這種小區域主義是一種新形式的「漢徹同盟」（hanseatic league），呈現出以許多城市為多元中心的網絡組合。未來，也許是城市而不是民族或國家將成為大多數人尋求認同的對象和基礎，這將衝擊民族和國家界限，區域或城市經濟互賴將進一步跨越政治疆界；或許未來有可能出現國家和城市相分離的情況，城市通過資訊和傳輸科技作為槓桿，會串起複雜的網絡，掌握世界的資本、財貨和資訊流，其運作並不需要按照國家或城市的邏輯來進行，擁有相當程度的自主性，國或政府想要進全球資本財貨和資訊流中，就必須進入這個以城市為單位的網絡，否則很容易被邊緣化。這並不是說，國家或政府將完全被取代，但至少，城市和小區域主義將是國家的合夥人或對立力量。其實，小區域主義和以國家為中心的大區域主義並不

---

[17] Ibid., pp.191-192.

是完全對立，小區域主義的進化發展將促進大區域主義的出現，而且反之亦然。

冷戰時期的舊區域主義是兩極架構制約下的產物，而後冷戰時期的新區域主義，除了前述從內向型轉向外向型外，則是在多極架構下產生的。前者是強權由外強塑而成的，至於後者則是由於經濟互賴的深化所自然促成的，而其所表現的形式有上述三種類型，這三種類型的區域主義之間會具有重疊性，從而使得區主義出現多邊形，並且構成複雜的網絡。亦即，舊區域主義所呈現的是以強權為中心的統治格局，而新區域主義則呈現以國家、市民社會和企業公司共同構成的治理格局。

中國大陸因為歷史因素和幅員廣大所造成的經濟地理條件的差異甚大；因此，基本上不容易和週遭的國家地區形成真正的大區域主義，而相對的較容易形成小區主義和次級區域主義，這種現象同樣的表現在兩岸關係上。隨著兩岸加入世界貿易組織，兩岸的經貿關係將更形密切，雙方之間的次級區域主義和小區域主義將更會縱連橫式的進行，而以城市或內部經濟區為中心的經濟整合或互動也將展開，這些區域主義的驅力，將要求朝更為完全的治理格局發展，三通問題將被提上更為迫切的議程表面上，挑動雙方國家機器更為敏感的神經，甚至造成市民社會（特別是台灣內部）和國家機器的張力，而這種張力的緩和與解消則必須通過將國家主權向人民主權方向轉折，才具有可能性；而且，以這種主權取向作為槓桿，兩岸三通問題的癥結也才有化解的機會。

五、治理格局下的兩岸安全與認同議題的發展與轉變

　　兩岸三通的癥結主要表現在雙方各自表述的國家主權的堅持上。而從國家主權論述延伸出來的邏輯，除了將三通和主權掛鉤外，就是將三通和國家安全聯結，甚至進而將三通和國防關聯起來；於是，三通被帶上相當成濃度的軍事色彩和意涵，認為有可能不利於國防操作和軍事安全的部署。這是一種軍事化的安全觀，它是非常狹義的，並不符合兩岸關係的現實需要。或許可以用逆向的方式來思考，使三通增進國家的安全，甚至有助於國防，從而使安全增加經濟的向度，真正型塑一種多面向的（multifaceted）的安全觀。軍事向度只不過是維護國家安全的一環，它是手段而不能變成目標，安全才是最終極的目標，要促成國家安全可以有包含軍事和非軍事的多元的管道和手段，不能將之化為純軍事主義的觀點[18]。而且，在全球政治經濟和文化互賴大環境的制約下，國家主權受到侵蝕，已是很明顯的現實，主權已從絕對主義的向度和互賴的向度轉折，從而出現互賴主權的現象，而國家能否有效的表現其互賴主權，也攸關國家涉外事務能力的大小。從這個角度觀之，如

---

[18] Samuel M. Makinda, *op. cit.*, pp.153-154.

果只是從國家取向界定安全，並且認為所謂維護國家安全就是維護國家領土主權的完整，其實沒有多大的現實意義。我們必須將國家取向的安全觀進一步轉為社會和人民取向的安全觀。這種安全觀不允許國家機器及其領導人以維護所謂國家安全之名傷害社會和人民的福祉和權利，或是作為替其統治進行合理性辯護的工具；亦即，這種安全觀要求國家要有更大的能力表現，既能維護國家安全又能保障人民免於國家假藉維護國家安全來侵犯他們的各種權利。為了保護和維護人民的安全和權利，才去維護國家安全；而不能將人民安全和權利的維護從屬在維護國家安全之下。

國家迄今仍然是國際體系中重要的行動者，但已不是唯一的行動體。而前蘇聯的崩解不只標誌著冷戰的結束，更重要的，也代表著國家和民族不再能直接連在一起[19]。民族也許可以被想像建構，但並不能完全被創造和型塑出來，前蘇聯通過幾十年長期的政治工程和意識形態的運作，希望能夠創造一個大蘇聯民族，可是從前蘇聯的解體看出並不成功。甚至從近代以來的世界史可以看到，許多「沒有民族的國家」、「沒有國家的民族」、「許多民族建立一個國家」、「一個民族分成幾個國家」的現象的存在，民族和國家並不必然的聯結，只不過在進化主義史觀的導引下，把民族和國家的結合視為是必須的，因為其代表人類歷史進步。亦即，民族和國家的聯結是人為造作下的偶然而絕不是必然，而這種人為的聯結是通過國家

---

[19] Ibid., p.314.

民族主義和種族民族主義兩種方式來進行，不過，這種進行是在強權的主導和制約下展開的，在冷戰結構涵蓋下，許多民族國家內部形成國家主義，以建立威權或極權國家機器作為配合兩極對抗的條件，而隨著這種冷戰結構的結束，原來的國家主義操作不再能維繫，這就為國家內部的民族或種族主義的勃興創造了條件。於是民族或種族踏上時代舞台，成為全球格局中有利於國家的行動者。

　　傳統的國際政治理論以國家為中心，論述的核心就是將國際政治看成是國家間的權力角逐，因此也就是權力政治；但是當民族和種族成為國際社會另一個行動主體時，國際政治就不再只是國家間的權力政治，而會轉成是以國家與民族或種族間，或民（種）族內部的認同問題為核心的認同政治。以認同為基礎的張力和衝突，將成為未來國際和國內政治的主流。而對於安全議題的思考，也不再能以國家為中心，必須將民族和種族納入考慮，因此安全不再只是所謂捍衛國家領土主權的完整，而更與認同的建構和維繫所延伸出來的危險和威脅有關。而認同之所以會形成張力、衝突和危險主要是因為人們從本質主義去看待定位和運用認同，在各自本質主義的堅持下，形成二元對立思維和實踐邏輯。但其實，認同絕不是一種既成的、或既定的事實，而是人為建構和造出來的，人們永遠處在一個不斷創造和消解的現實中，因此認同是流動的、複式的，尤其是在資訊化和全球化的時代，我們更難想像純粹絕對的本質來做為認同的基礎人們可以在不同情境和社會脈絡中，或人生的

不同時刻按照不同的原則去表現其不同。在資訊化和全球化的制約下，甚至連構成民族認同的基本要素如文字、語言和習俗大都與他者（others）文化融合，呈現雜文化。而且在全球治理的格局下，國家不再是操作認同的唯一主導者，在不斷發展的多元主體的交叉互動過程中，多元認同的操作已不可免。兩岸長期以來都從國家民族議題操作的途徑，通過凸顯和堅持國家主權來解決各自的問題。而在國家主權受到全球化所延伸出來的互賴形勢，以及隨著全球化所延伸的西方價值（人權、自由民主、人民自由等）的普遍化的制約，從國家主權的堅持解決認同問題已愈來愈不可行，中共在面對全球化的規範性制約時，基本上是從後殖民主義論述來進行，把規範性的制約轉移成西方中心主義的擴張和滲透，希望造成西方對非西方國家的文化和意識形態的宰制和支配。

中共從一九四九年以至於一九七九年與美國建交為止，一直從改朝換代的角度處理兩岸關係，堅持中國主權已完全由中共繼承，在台灣的中華民國，只不過是還不願或尚未被中共收服的名不正言不順的政治力量；而一九七九年中共人大常委會所發表的「告台灣同胞書」，表現出中共對台政策和態度的微妙調整。

一直到一九七九年，中共都不願認定台灣是一個政治和經濟實體，七九年「告台灣同胞書」的發表，中共透過承認台灣是一個經濟實體，間接且比較隱晦地承認台灣是一個政治實體；只不過，台灣被看成是一個實體的身分位階則未定位；及

至一九八一年「葉九條」發表，才正式把台灣定位成地方性的特別行政區，這等於表示，兩岸內戰已然結束，改朝換代已經完成，中共代表中國主權，台灣充其量只是中共治下的地方性特別行政區。

「葉九條」所揭櫫的特別行政區概念，成為後來中共「一國兩制」的張本，而中共在一九八四年的「中英聯合聲明」中，按「一國兩制」處理香港問題；接著，中共更進一步宣稱，要用「一國兩制」解決台灣問題。迨至九〇年代以來，特別是在中共一九九三年的「台灣問題與中國統一白皮書」中，則直接以兩岸已進入「一國兩制」的框架下這個原則來處理台灣問題。

長期以來，台灣在主權問題上，一直存在著爭實質主權和法理主權差距的問題，在現實上，政府所能控制管轄、行使主權的範圍僅及於台澎金馬，可是我們卻在憲法及相關法律上宣稱主權的範圍僅及於全中國，而隨著台灣的大陸政策模式移轉到對等政治實體時，就必須同時去處理上述的這個問題，隨著動員戡亂臨時條款的終止及幾次的修憲，上述這個問題獲得初步的解決。與這種主權差距相呼應的是，台灣主事者也靜悄悄地進行新的民族主義的重建，這種重建的內涵主要是：促使在台澎金馬範圍內的各族群，透過效忠中華民國，跨越族群的區隔和差異，融合成一個更大內涵的民族。這裏所指的中華民國當然不再是號稱主權及於全中國的中華民國，而是以台澎金馬為主權範圍的中華民國，

台灣有關主權差距問題的解決，在另一個角度來看代表

著國家體質的轉變。從蔣經國總統晚年就已經開始的政治變革，中間經過一九八七年的解除戒嚴，一九九一年的終止動員戡亂體制，以及隨之而來的開放黨禁、報禁，以及從中央到地方各層級直接普選的進行，台灣從威權體制轉變成自由主義公民國家，這種國家的特徵是，獨立自主的公民可以透過自由的政治參與，特別是選舉去影響或改變國家的政策方向。而由此所延伸出來的是，國家的權力基礎不再是奠立在反共之上，而是在台灣本土的民意上。因此中華民國的政治正當性就不再來自號稱代表全中國，而是直接來自於台灣人民和民間社會的支持；這種轉驗就是所謂中華民國的本土化或台灣化；而隨著這種轉驗而來的是，中華民國作為一個民族與中華民國作為一個國家之間就失去了直接的聯繫關係；因此，若中華民國作為一個民族國家，那麼「民族」這個範疇的內涵就必須重建，而不再是過去所宣稱的是涵蓋全中國範圍的中華民族。中華民國這樣的國家體質的轉變，當然意味著中華民國不再願意和中共繼續糾纏在國共內戰的漩渦中，而希望和中共重新來過重建正常化的新關係。

中共一方面在「朝廷意識」以及與這種意識互為表裏的「中原意識」的制約下，處理所謂的台灣問題。而中共對台灣主權宣稱，其實也必須從這種取向來加以理解。但在另一方面，從九五年江澤民發表「江八點」以來，中共也不斷以海峽兩岸共同擁有一個過去或歷史文化，來爭取台灣方面的認同。

台灣在兩位蔣總統的時代，透過政治上爭正統，以及不

斷宣稱復興或堅持中華文化，來統一台灣內部的文化和政治認同。而在後蔣時代，透過民族主義的重建，揚棄了上述的文化和政治認同的模式；不過，隨之而來的，也使內部認同問題開始湧現出來。其中一個力量，企圖通過「大陸／台灣」二元劃分的方式，來重新確立台灣內部族群的文化和政治認同，而另一種力量，則仍然希望以回歸中華文化作為解決台灣內部認同問題的依據。當然，他們所謂的回歸中華文化不盡然與中共的意涵相同；中共的文化訴求，只是作為建構以中共為中心的國家主義的工具而已；而台灣內部的回歸中華文化訴求，基本上還是以對生活在台灣的「感情」作為基礎。不過，在回歸中華文化的訴求中也有更為激進的表現方式，這種力量很容易被理解為和中共的文化訴求接近。而透過這些不同的文化認同模式的區隔，台灣內部就大致出現到底「我是台灣人」或是「我是台灣人也是中國人」或是「我就是中國人」的政治認同的差異。

　　台灣政治認同的操作，有傳統權威時代與後傳統威權時代的區隔，而這種區隔大致上與冷戰的區隔也相聯繫。傳統權威時代，受冷戰的制約，透過意識形態操作的工程，處理政治認同問題；隨著蔣經國總統的逝世，世界的冷戰結構也大約同時解體，台灣的政治認同也無法再用傳統的意識形態操作的模式來處理，必須訴求於民族主義的重建。而在這個時候，台灣也同大陸一樣籠罩在全球化的衝擊下，必須也準備從傳統的工業主義向資訊主義過渡轉折。因此，台灣內部的個體也因此而增加尋求認同的機會和空間，從而使得台灣政治認同的操作工

程，憑添許多複雜性和困難度。

六、結語

隨著全球治理格局的發展和兩岸威權體制的演變，未來兩岸的領導人，必須注意到國家主義的操作難度勢必加強，而國家或主權不再能成為人們認同的唯一對象或憑藉，認同多元化是一個必然的趨勢，而國家之外的民族或種族認同，甚至更細部的族群認同；都將影響國家和國際安全。而未來兩岸之間或各自內部的衝突有可能會更進一步與認同問題有關，基於認同問題而來的衝突的預防與解決，絕對不可能從國家取向，以國家機器為中心來進行，而必須通過國家、市民社會和個人共同參與的治理格局作為槓桿，不過這種問題的解決，絕不可能是將之導向重建一個大一統的認同，而是要建立一個既允許多元認同存在，但又不會造成衝突甚至戰爭的情境。

參考文獻

一、中文參考資料

(一)書籍

1. 王列、楊雪冬，《全球化與世界》，北京：中央編譯出版社，1998 年。

2. 王寧、薛曉源，《全球化與後殖民批評》，北京：中央編譯出版社，1998 年。

3. 王岳川編，《後殖民主義與新歷史主義文論》，山東：新華出版社，1999 年。

4. 王逸舟，《全球化時代的國際安全》，上海：上海人民出版社，1999 年。

5. 朱剛，《薩伊德》，台北：生智，1999 年。

6. 包宗和、吳玉山編，《爭辯中的兩岸關係理論》，台北：五南，民 88 年。

7. 江宜樺，《自由主義、民族主義與國家認同》，台北：揚智

文化，2000 年。

8.李英明，《中國：向鄧後時代轉折》，台北：揚智，1999
年。

9.李英明，《中國大陸研究》，台北：五南，民 83 年。

10.李英明，《中共研究方法論》，台北：揚智，1996 年。

11.李英明，《網路社會學》，台北：揚智，2000。

12.李英明，《鄧小平與後文革的中國大陸》，台北：時報文
化，民 84 年。

13.俞可平主編，《全球化時代的社會主義》，北京：中央編
譯出版社，1998 年。

14.俞可平、黃衛平主編，《全球化的悖論》，北京：中央編
譯出版社，1998 年。

15.徐賁，《走向後殖民與後現代》，北京：中國社科院出版，
1996 年。

16.胡元梓、薛曉源，《全球化與中國》，北京：中央編譯出
版社，1998 年。

17.蔡政文，《當前國際關係理論發展及其評估》，台北：三
民，1989。

18.曹莉，《史碧娃克》，台北：生智，1999 年。

19.黃瑞祺著，《現代與後現代》，台北：巨流，2000 年。

20.陶東風，《後殖民主義》，台北：揚智，2000 年。

21.閻學通，《中國國家利益分析》，天津：天津人民出版社，
1996。

22.華英惠，《迎接 WTO 時代》，台北：聯經，2000 年

23.張京媛，《後殖民理論與文化認同》，台北：麥田，1995年。

24.廖炳惠，《回顧現代：後現代與後殖民論文集》，台北：麥田，1994 年。

25.簡瑛瑛編，《認同、主體、差異性》，台北：立緒，1995年。

26.鄭祥福，《後現代主義》，台北：揚智，1999 年。

27.羅鋼、劉象愚，《後殖民主義文化理論》，北京：中國社科院出版社，1999 年。

28.龍永樞主編，《海峽兩岸經貿合作關係研究》，北京：經濟管理出版社，1998 年。

29.亞歷山大・溫特著，秦亞青譯，《國際政治的社會理論》，上海人民出版社，2000 年。

30.杭廷頓，《文明衝突與社會秩序的重建》，北京：新華出版社，1998 年。

31.薩伊德著，王志弘、王淑燕等譯，《東方主義》，台北：立緒，1995 年。

32.薩伊德，蔡源林譯，《文化與帝國主義》，台北：立緒，民 90 年。

33.馬丁舒曼著，張世鵬譯，《全球化陷阱：對民主和福利的進攻》，北京：中央編譯出版社，1998 年。

34.阿里夫・德理克著，王寧等譯，《後革命氛圍》，北京：

中國社科院出版社，1999 年。

35. 里斯本小組，張世鵬譯，《競爭的極限：經濟全球化與人類的未來》，北京：中央編譯出版社，2000 年。

36. 曼威柯司特（Manuel Castells）著，夏鑄九等譯，《網路社會之崛起》，台北：唐山出版，2000 年。

37. 博埃默，《殖民與後殖民文學》，香港：牛津大學出版社，1998 年。

38. Paul A. Cohen 著，林同奇譯，《在中國發現歷史——中國中心觀在美國的興起》，台北：稻鄉出版社，1991 年。

39. Adda, Jacques.著，周曉幸，《經濟全球化》，北京：中央編譯出版社，2000 年。

40. Beck Ulrich 著，孫治本譯，《全球化危機：全球化的形成、風險與機會》，台北：商務書局，1999 年。

41. Castro, Fidel 著，王玫譯，《全球化與現代資本主義》，北京：新華書局經銷，2001 年。

42. Giddens, A.著，陳其邁譯，《失控的世界：全球化與知識經濟時代的省思》，台北：時報文化，2001 年。

43. Held, David 著，沈宗瑞譯，《全球化大轉變：全球化對政治、經濟與文化的衝擊》，台北：韋伯文化，2000 年。

44. Lodge, George C.著，胡延泓，《全球化的管理：相互依存時代的全球化趨勢》，上海：上海藝文出版社，1998 年。

45. Nash Kate 著，林庭瑤譯，《全球化、政治與權力》，台北：五南，2001 年。

46.Robertson, Roland 著，梁光嚴譯，《全球化：社會理論與全球文化》，上海：上海人民出版社，2000 年。

47.Robbins, Bruce 著，徐曉雯譯，《全球化中的知識左派》，北京：中國社會科學出版社，2000 年。

48.Tomlinson John 著，鄭棨元、陳慧慈譯，《全球化與文化》，台北：韋伯文化，2001 年。

49.Ulrich Beck 著，孫治本譯，《全球化危機》，台北：商務印書館，1999 年。

50.Waters Malcolm 著，徐偉傑譯，《全球化》，台北：弘智文化出版，民 89 年。

(二)期刊論文

1.涂志堅，《柯林頓總統時期美中台戰略三角之互動之研究》，台北：台大政治研究所碩士論文，民九十年六月。

2.林碧炤，〈全球治理與國際安全〉，發表於全球治理與國際關係學術研討會，台北：2001 年 6 月。

3.唐欣偉，〈兩岸關係的展望：從國際政治經濟學的角度分析〉，台北：《國家政策論壇》，第一卷第七期，民 90 年 9 月。

4.張亞中，〈全球化下的全球治理：主體與權力的解析〉，發表於全球治理與國際關係學術研討會，台北：2001 年 6 月。

5.鄭端耀，〈國際關係『新自由制度主義』理論之評析〉，《問題與研究》，第 36 卷第 12 期，2 月，1997。

6.蕭全政，〈東亞「區域主義」的發展與台灣的角色〉，台北：

《政治科學論叢》，第十四期，民 90 年 6 月。

7.蕭全政，〈後冷戰時代的兩岸關係〉，《理論與政策》，第 10 卷第 1 期，1995。

8. Immanuel Wallerstein 著，黃燕堃譯，〈族群身分的建構〉，香港嶺南學院翻譯系。文化／社會研究譯叢編委會編譯，《解殖與民族主義》，香港：牛津大學出版社，1998 年，頁 137-138。

二、英文參考資料

(一)書籍

1.Alan D. Campen & Douglas H. Dearth eds., *Cyberwar 2.0: Myths, Mysteries and Reality*, AFCEA International press, 1998.

2.Andrew Nathan, "A Factionalism Model for CCP Politics", *The China Quarterly*, No. 53(1973).

3.Anderson. B., *Imagined Communities*, second edition, London: Verso, 1991.

4.Andrew Walder, *Communist Neo-Traditionalism: Work and Authority in Chinese Indestry*, Berkeley: University of California Press, 1986.

5.Antonio Gramsci, *The Prison Notebooks,* New York: International Publishers, 1971.

6.Arif Dirlik, *The Postcolonial Aura: Third World Criticism in the Age of Global Capitalism,* Westview Press, 1997.

7.Arif Dirlik & Maurice Meisner, *Marxism and the Chinese Experience* M. E. Sharpe, 1989.

8.Barrett Neil, *The State of the Cybernation,* London: Kogan Page, 1996.

9.Bart Moore-Gilbert, *Postcolonial Theory: Contexts, Practices, Politics,* June 1997.

10.Cohen, Warren I., *The Cambridge History of American Foreign Relations,* Volume IV, NY: Cambridge University Press, 1993.

11.Dale C. Copeland, 'Economic Interdependence and War: A Theory of Trade Expectations' in Michael E. Brown, Owen R. Cote, Jr., Sean M. Lynn-Jones & Steven E. Miller. Eds., *Theories of War and Peace,* The MIT Press, 2000.

12.David Miller, *On Natimality,* Clarendon Press, 1997.

13.David Baldwin, *Neorealism and Neoliberalism: The Contemporary Debate,* NY: Columbia University Press, 1993.

14.Edward Said, *The Text and The Critic* London: Vintage, 1991.

15.Edward Said, *Orientalism,* New York: Vintage, 1979.

16.Edward Said, *Culture and Imperialism,* New York: Alfred A.Knopf, Inc, 1993.

17.Frankel, Joseph, *Contemporary International Theory and Behaviour of States,* London: Oxford University Press, 1967.

18. Gita Rajan, Radhika Mohanram, *Postcolonial Discourse and Changing Cultural* contexts, October 30, 1995.

19. Gilpin, Robert, *The Political Economy of International Relations*, Princeton: Princeton University Press, 1986.

20. Harry Harding, *China's Second Revolution: Reform after Mao*, The Brooking Institution, 1987.

21. Homi Bhabha, *The Location of Culture*, London and New York: Routledge, 1994.

22. Ikenberry, G. John, *After Victory: Institutions, Strategic Restraint, and the Rebuilding of Order after Major Wars*, Princeton, New Jersey: Princeton University Press, 2001.

23. Lowell Dittmer, *China under Reform*, Westview Press, 1994.

24. Lukacs, Georg, *History and Class Consciousness,* trans by Rodney Livingstone, Cambridge: MIT, 1971.

25. Marcuse, H., *One Dimensional Man,* Boston: Beacon, 1964.

26. Marcuse, H., *Counterrevolution and Revolt*, Boston: Beacon, 1972.

27. Marcuse, H., *Reason and Revolution*, New York: Oxford University Press, 1941.

28. Manuel Castells, *The Informational City,* Blackwell Publishers, 1996.

29. Manual Castells, *The Power of Identity,* Blackwell Publishers, 1999.

30.Manuel Castells, *The Informational City: Information Technology, Economic Restructuring, and the Urban-Regional Process,* Oxford: Blackwell, 1989.

31.Meisner, Maurice, *Marxism and the Chinese Experience: Issues in Chinese Socialism.* Armonk, N.Y.: M. E. Sharpe, 1989.

32.Meisner, Maurice, *Mao's China and After,* New York: The Free Press, 1986.

33.R. Robertson, *Globalization: Social Theory and Global Culture,* London: Sage, 1992.

34.Roger D. Spegele, *Political Realism in International Theory,* Cambridge University Press, 1996.

35.Stephen D. Krasner, *Sovereignty: Organized Hypocrisy,* Princeton University Press, 1999.

36.Spivak, Gayatri Ghakrovorty, *The Spivak Reader: Selected Works of Gayatri* Chakravorty Spivak, 1995.

37.Stuart R. Schram, *Ideology & Policy in China Since the Third Plenum, 1978-1984,* University of London, 1984.

38.Susan L. Shirk, *The Political Logic of Economic Reform in China,* University of California Press, 1993.

39.Schurmann Franz, *Ideology and Organization in Communist China.* Berkly: University of California Press, 1968.

40.Toffler Avain, *The Third Wave,* New York: Morrow, 1980.

41.Toffler Avain, *Powershifts Knowledge, Wealth and Violence at 21st century,* Published by Bantam Books, 1990.

42.Toffler Avain, *War and Anti-war: Survival at the dawn of the 21st century,* Boston: Little, Brown, 1993.

43.Tang Tsou, *The Culture Revolution & post-Mao Reform,* Chicago: University of Chicago Press, 1986.

44.Waltz, Kenneth, *Theory of International Politics,* Boston: Addison-Wesley, 1979.

45.Young, Robert, *White Mythologies: Writing History and the West,* 1990.

46.Wendt Alexander, *Social Theory of International Politics,* Cambridge University Press, 1999.

(二)期刊

1.Alexander Wendt, "Constructing International Politics", In Michael E. Brown, Owen R. Cote, Jr., Sean M. Lynn-Jones & Steven E. Miller. Eds., *Theories of War & Peace*, The MIT Press, 2000.

2.Baldwin, David, "Neoliberalism, Neorealism and World Politics," in David Baldwin (ed.), *Neorealism and Neoliberalism: TheContemporaryebate*, NY: Columbia University Press, *1993.*

3.Craig Warkentin and Karen Mingst, "International Institutions, the State, and Global Civil Society in the Age of the World

Wide Web", *Global Governance,* 6, 2000.

4.James N. Rosenau, "Governance in the Twenty-first Century", *Global Governance,* 1, 1995.

5.Jessica T. Mathews, "Power Shift", *Foreign Affair*, January/ February 1997.

6.James H. Mittelman, "Rethinking the 'New Regionalism' in the context of Globalization", *Global Governance,* 2, 1996.

7.John P. Burns, "The People's Republic of China at 50: Nation Political Reform", *The China Querterly*, 1999.

8.Lawrence S. Finkelstein, "What Is Global Governance?", *Global Governance I* , 1995.

9.Ping Deng, "Taiwan's Restriction of Investment in China in the 1990s", *Asian Survey*, 40: 6.

10.R. A. W Rhodes, "The New Goverance: Governing without Government", *Political Studies* XLIV, 1996.

11.Rose, Gideson, 1998, "Neoclassical Realism and Theory of Foreign Policy", *World Politics* Vol. 51, October.

12.Sanger, David E., 2000, "New Realism Wins the Day as Senate Passes Trade Bill", *New York Times*, September 19.

13.Samuel M. Makinda, "Sovereignty and International Security: Challenges for the United Nations", Nations, *Global Governance,* 2, 1996.

14.Vivienne Shue, "Grasping Reform: Economic Logic, political

Logic, and the State-Society Spiral", *The China Quarterly,* 144, 1995.

李英明、張亞中／主編　　　　　　　亞太研究系列 17

重構兩岸與世界圖象

作　　　者／李英明
出　版　者／生智文化事業有限公司
發　行　人／林新倫
登　記　證／局版北市業字第 677 號
地　　　址／台北市新生南路三段 88 號 5 樓之 6
電　　　話／(02)2366-0309
傳　　　真／(02)2366-0310
E-mail ／book3@ycrc.com.tw
網　　　址／www.ycrc.com.tw
郵政劃撥／1453497-6　揚智文化事業股份有限公司
印　　　刷／科樂印刷事業股份有限公司
法律顧問／北辰著作權事務所　蕭雄淋律師
I S B N ／957-818-436-0
初版一刷／2002 年 11 月
定　　　價／新臺幣 250 元

總　經　銷／揚智文化事業股份有限公司
地　　　址／台北市新生南路三段 88 號 5 樓之 6
電　　　話／(02)2366-0309
傳　　　真／(02)2366-0310

國家圖書館出版品預行編目資料

重構兩岸與世界圖象 ＝ Restructure the map
of cross-strait and world ／ 李英明著. --
初版. -- 台北市：生智，2002 [民 91]
面； 公分. --（亞太研究系列；17）
參考書目：面

ISBN 957-818-436-0（平裝）

1.國際政治 2.兩岸關係

578 91015108